In den 1920er Jahren war vieles wagemutiger, unkonventioneller und exzessiver als heute. Keine Zeit brachte so viel Glamour, Stil und Avantgarde hervor, und eine nie gekannte Experimentierlust eroberte Bühnen, Kunstateliers, den Sport und so manches Schlafzimmer. Frauen machten den Flug- und Führerschein, sie griffen zur Filmkamera, sie designten eine neue Mode, sie rauchten und tranken und tanzten fröhlich am Abgrund.

Thomas Bleitner stellt in diesem opulent bebilderten Band legendäre und unvergleichliche Frauen aus Film, Fotografie, Sport, Mode und Kunst vor, die in den 1920er Jahren in Berlin, Paris und New York alte Rollenmuster auf den Kopf stellten und damit für Furore sorgten.

»Als die Frauen begannen, ihre Röcke zu kürzen und ihre Haare zu stutzen, war dies der größte Umbruch in der Geschichte der Mode der letzten hundert Jahre.« *New York Vogue* vom 1. Juli 1928

Thomas Bleitner, geboren 1966, hat u. a. zum literarischen Expressionismus, zum Wiener Autor Leo Perutz und zur Hamburger Soziokultur veröffentlicht. Bei der Redaktion »Kulturelles Wort«, Hörspiel des Norddeutschen Rundfunks, war er als freier Lektor beschäftigt. Er lebt mit seiner Frau und zwei Söhnen in Hamburg und arbeitet dort als Literaturwissenschaftler und Buchhändler. Von ihm ist im insel taschenbuch außerdem erschienen: *Hamburgerinnen, die lesen, sind gefährlich* (it 4365).

insel taschenbuch 4562
Thomas Bleitner
Frauen der 1920er Jahre

Der 2014 im Elisabeth Sandmann Verlag erschienene Originalband
wurde für die Taschenbuchausgabe um ein Porträt gekürzt.

Erste Auflage 2017
insel taschenbuch 4562
Insel Verlag Berlin 2017

Vertrieb durch den Suhrkamp Taschenbuch Verlag

Umschlag, Innenseiten und Satz: *Schimmelpenninck.Gestaltung, Berlin*
Druck: *Friedrich Pustet GmbH & Co. KG, Regensburg*
Printed in Germany   ISBN 978-3-458-36262-3

Thomas Bleitner

FRAUEN DER 1920ER JAHRE

Glamour, Stil und Avantgarde

Insel Verlag

INHALT

Glamour, Stil und Avantgarde

Der Zauber der Zwanzigerjahre ist ungebrochen. Die Faszination, die von dieser kurzen Ära ausgeht, ihre Anziehungs- und Strahlkraft, ist bis heute allgegenwärtig und basiert vor allem auf dem atemberaubenden Tempo, mit dem die Gesellschaft sich damals veränderte und Konventionen über Bord gingen – niemals zuvor wurde so schnell gelebt, so radikal erneuert und so wild gefeiert. Der Erste Weltkrieg hatte die ›Belle Époque‹ über Nacht verschwinden lassen und eine Generation hervorgebracht, die gegen anachronistische Werte aufbegehrte und mit Vehemenz die Lockerung sozialer Normen betrieb. Die Vertreter jener ›Verlorenen Generation‹ – wie sie sich in Anlehnung an eine Sentenz Gertrude Steins selbst bezeichneten – sahen ihr Schicksal als Chance, und nach dem Motto »Anything goes« gestalteten sie ihr Leben unabhängig und nach eigenen Vorstellungen. In Amerika und England brachen die ›Roaring Twenties‹ an, in Frankreich die ›Années Folles‹ und in Deutschland – wo Arbeitslosigkeit und Inflation am höchsten waren und ein ökonomischer Aufschwung auf sich warten ließ – schließlich die ›Goldenen Zwanziger‹. Bei vielen jungen Menschen entwickelte sich zu jener Zeit ein neues Selbstbewusstsein – ein neues Lebensgefühl, denn eine Generation, die nach der Tabula rasa, die der Krieg ihr beschert hatte, am Nullpunkt stand, konnte im Prinzip nur noch gewinnen: »Herrgott, wir lebten ja in den ›Zwanzigern‹«, meinte Dorothy Parker, »und da mussten wir einfach smart sein.«

Beim Abschneiden alter gesellschaftlicher Zöpfe taten sich insbesondere die Frauen hervor. Die veränderten politischen und ökonomischen Verhältnisse nach 1918 boten ihnen Räume für Emanzipation und ungeahnte neue Freiheiten. Die Ausbildungschancen waren gestiegen und in Deutschland und weiteren europäischen Ländern hatte man neben anderen demokratischen Grundgedanken auch das Frauenwahlrecht verwirklicht. Zudem war die Arbeitskraft der Frauen gefragter denn je: Millionen von Männern hatten seit 1914 auf den Schlachtfeldern ihr Leben gelassen, und in Städten wie Berlin betrug das Verhältnis Frau zu Mann phasenweise vier zu eins. Notgedrungen brachen erwerbstätige Frauen auf unterschiedlichsten Gebieten in die Domänen der Männer ein, passten ihr Freizeitverhalten den veränderten Gegebenheiten an – und entdeckten dabei die großen Vorzüge der frisch gewonnenen Autonomie: Sie bevölkerten Cafés, Bars, Clubs und Cabarets und verliehen dem Kultur- und Nachtleben der Metropolen einen neuen Charakter. Das ›Jazz-Age‹, das in Amerika zu Beginn der Zwanzigerjahre einsetzte und neben der Musikrichtung, der es seinen Namen verdankt, insbesondere den Charleston populär machte, wogte von New York Richtung Europa und eroberte Paris, London und Berlin. Sein Erscheinungsbild war von jungen rebellischen Frauen geprägt, die in wadenfreien Kleidern, mit Cocktailgläsern in den Händen – Diana Vreeland bezeichnete das Jazz-Age explizit als »Martini-Ära« – und Zigaretten zwischen den Fingern zwanglos über Selbstverwirklichung, Sex und eigene Vorstellungen von Moral und Anstand plauderten. Im *New Yorker*, dem Organ der jungen Generation in Amerika, schrieb Ellin Mackay, ein 22-jähriges ›Girl‹ aus der High Society Manhattans: »Moderne junge Frauen sind sich ihrer Identität durchaus bewusst; sie heiraten, wen sie wollen, und sind zufrieden, wenn sie nur ihren eigenen Ansprüchen genügen müssen. [...] Sie haben erkannt, dass ihr persönlicher Charme wichtiger ist als Abzeichen gesellschaftlichen Ansehens, die durch quälende Langeweile erworben werden müssen.« Wie viele andere beließ es Ellin Mackay nicht allein bei Worten, sie handelte auch: Ungeachtet des enormen Drucks, den ihre Eltern auf sie ausübten, und trotz eines monatelangen Spießrutenlaufs durch die sensationshungrige Öffentlichkeit heiratete die Tochter des millionenschweren katholischen Finanziers Clarence Mackay den jüdischen Komponisten Irving Berlin – ihr Vater, der gegenüber der Presse zuvor erklärt hatte, eine eheliche Verbindung Ellins mit dem Musiker würde »nur über seine Leiche« zustande kommen, enterbte sie daraufhin; ein Schicksal, das sie mit so mancher Rebellin aus der Upper Class teilen sollte.

Ellin Mackay verkörperte den klassischen ›Flapper‹. Der Ausdruck, der ursprünglich das Flügelflattern von Jungvögeln bezeichnete, bevor sie flügge werden, wurde zum Synonym einer ganzen Generation junger Frauen, die sich seit Beginn der Zwanzigerjahre auf die Suche nach Spaß und neuer Vitalität begab. »Flapper«, schrieb Scott Fitzgerald, neben seiner Frau Zelda eine der Koryphäen des Jazz-Age schlechthin, »[sind] diese Art von Mädchen, die man in schicken Nachtclubs sieht, stets nach der neuesten Mode gekleidet. Sie halten eisgekühlte Drinks in der Hand und tragen einen zurückhaltenden, leicht verbitterten Gesichtsausdruck. Sie tanzen ausgelassen, lachen viel und haben große, traurige Augen. Junge Mädchen mit einem Talent zum Leben.« Sie trugen Bubikopffrisuren, Glocken- oder Topfhüte und gerade geschnittene Charlestonkleider. Debütantinnengehabe war ihnen zuwider, und sie hegten alles andere als mütterliche Ambitionen, wie insbesondere die androgyne europäische Variante des Flapper-Typs, die ›Garçonne‹, demonstriert, die durch schwarz umrandete Augen mit eingeklemmtem Monokel und tiefrote Lippen bestach und im knielangen Rock oder Herrenanzug die Theater, Bars und Cafés von Paris oder Berlin besuchte. Der Flapper und die Garçonne wurden zum Sinnbild der modernen Frau, mit all ihren Rechten, und zum Symbol ihrer sexuellen Befreiung. Jede der hier Porträtierten, so verschieden sie in Bezug auf Herkunft, Beruf, Berufung oder Alter auch sind – Luisa Casati und Lee Miller trennt immerhin mehr als ein Vierteljahrhundert –, ist auf individuelle

Art prototypisch für die ›neue Frau‹, die die Roaring Twenties hervorgebracht haben.

Der gesellschaftliche Aufbruch fand in den Städten statt. Mehr als bei jeder vorangegangenen Ära war die Kultur der Zwanzigerjahre gleichzeitig eine Kultur der Metropolen. Für junge Menschen, die ein freies Leben jenseits konventioneller gesellschaftlicher Normen führen wollten, besaßen sie eine gewaltige Zugkraft. Allein die Bezeichnung ›Wilde Zwanziger‹ evoziert Bilder eines Lebensstils, der mehr oder minder ausschließlich in Großstädten anzutreffen war – und diese Lifestyle-Metropolen waren in erster Linie New York, Paris, Berlin und mit Abstrichen London, wo das Tempo gesellschaftlichen Wandels nicht so hoch und das britische Traditionsbewusstsein vergleichsweise fest verankert war. Mit ihren Theatern, Verlagen, Zeitschriften, Modehäusern, Cafés und Bars repräsentierten New York und die drei europäischen Zentren auch die Hauptstädte des amerikanischen, französischen, deutschen und britischen Kunst- und Kulturbetriebs jener Zeit. Ihr liberales Klima zog speziell avantgardistische Frauen an und bot ihnen die Räume zur freien Entfaltung – und zum Austausch und geselligen Miteinander: In New York, wo nie zuvor so viel Alkohol getrunken wurde wie während der Prohibitionszeit, propagierten Zelda Fitzgerald, Dorothy Parker, Louise Brooks und andere den Flapper-Typ und trafen sich auf Penthouse-Partys in der Park Avenue oder in den zahllosen ›Flüsterkneipen‹ rund um den Broadway, wo illegal Spirituosen ausgeschenkt wurden. Die Londoner Boheme fand sich im West End ein: im legendären Café de Paris zwischen Piccadilly Circus und Leicester Square oder in den vom Maler Wyndham Lewis ausgestatteten Räumen des Eiffel Tower, dem beliebten Künstlertreff und Stammlokal Nancy Cunards, bevor sie nach Paris zog. Die Kulturszene Berlins feierte ausgelassen in den Cafés und Theatern am Kurfürstendamm. Die Stadt an der Spree war mit ihren zahllosen glamourösen Varietés *das* Zentrum des Tanzes schlechthin und lockte ihre Nachtschwärmer zudem mit einer ausgeprägten Subkultur – Berlin galt in den Zwanzigerjahren als »Weltmetropole des Lasters«; allabendlich verwandelte sich die Stadt in eine rauschende Party. »Es gab alles, Geld hatte keinen Wert. Man musste es ausgeben, denn am nächsten Tag würde es noch weniger wert sein«, stellte Germaine Krull fest, nachdem sie zur Inflationszeit als junge Fotografin aus München in die Hauptstadt gekommen war. Und Louise Brooks registrierte überrascht, dass in den Bars und Cabarets der Stadt »ohne Scham die kollektive Lust [tobte]«. Gerade in den zahllosen Clubs der lesbischen Szene, wo neben anderen Anita Berber, Claire Waldoff und Marlene Dietrich legendäre Auftritte feierten, wurde regelmäßig bis in die Morgenstunden durchgetanzt.

»Wir waren eigenständig. Wir taten, was wir wollten. Wir blieben nachts lang auf. Wir kleideten uns, wie wir es mochten [...]. Heute mögen die Menschen bei besserer Gesundheit sein. Aber wir hatten mehr Spaß.«

CLARA BOW

Die größte Anziehungskraft übte jedoch zweifelsohne die Metropole an der Seine aus. Dass »Paris ein Fest fürs Leben« war, hatte nicht allein Ernest Hemingway erkannt: In Scharen zog die Stadt die Künstler, Musiker und Bohemiens der jungen Generation an und partizipierte an deren Kreativität. Coco Chanel erinnerte sich, dass speziell die frühen Zwanzigerjahre »die glanzvollsten, die originellsten« waren, die Paris je erlebt hatte: »London, New York, sie alle blickten nur auf uns, von Berlin ganz zu schweigen, das gepeinigt war von Geldentwertung, Hungersnot und Expressionismus.« Paris war die Wiege moderner Kultur schlechthin und – speziell die Kunst, Fotografie und Mode betreffend – die Keimzelle innovativer Ideen und Trends, die schließlich um die Welt gingen. Die umfängliche Kolonie expatriierter Amerikaner trug den Jazz in die Bars am Montparnasse und am Montmartre, der dort euphorisch aufgenommen und verbreitet wurde. In den Ateliers der Künstler und Fotografen entstanden neue Stile, derer sich die Haute Couture bediente – namentlich die Rivalinnen Coco Chanel und Elsa Schiaparelli – und bahnbrechende Designs kreierte. »Paris war eine Frau« – die populär gewordene Metapher der amerikanischen Autorin Andrea Weiss ist so pointiert wie angebracht: Ohne seine Modeschöpferinnen und ohne Tamara de Lempicka, Gertrude Stein, Lee Miller, Claude Cahun, Josephine Baker oder Kiki de Montparnasse hätte Paris sicherlich nicht den Glanz entwickelt, der die Stadt bis heute umgibt.

In den Dreißigerjahren müssen die Roaring Twenties den Menschen als verlorenes Paradies erschienen sein: Im Oktober 1929 löste der New Yorker Börsenkrach die Weltwirtschaftskrise aus, und die Kaufkraft des Dollars sank rapide; auch in Europa brachen Aktienmärkte und Währungen zusammen, zahllose Unternehmen gingen bankrott, und hier wie dort kam es zu einer beispiellosen Massenarbeitslosigkeit. In den Metropolen bereiteten wachsende politische Spannungen und faschistische Ideologien dem freisinnigen Klima der vorangegangenen Dekade ein abruptes Ende. Die Zeit der rauschenden Feste und wilden Partys war vorerst vorüber; die Goldenen Zwanziger waren Geschichte. Für die meisten Frauen bedeutete all das tiefe Karriereeinschnitte und mitunter auch das Ende von Freiheit und Freizügigkeit, insbesondere in Deutschland, wo ihnen ab 1933 ein – gesellschaftliches – Korsett angelegt wurde, das noch um einiges enger war als jenes, von dem Coco Chanel sie gerade erst befreit hatte. »In den dreißiger Jahren zahlte man den Preis für die zwanziger«, schrieb Arthur Miller – viele der couragierten Frauen, die das Kulturleben und die Avantgarde der Roaring Twenties geprägt hatten, sollten dies zu spüren bekommen. Manche konnten an die Superlative der Zwanziger anknüpfen und vollbrachten neue Glanztaten, für andere wiederum bedeutete das Ende der Dekade auch das Ende ihres Erfolges. Und einige, wie etwa die »Vulkantänzerinnen« Lavinia Schulz und Anita Berber, hatten ihre Kunst und Selbstverwirklichung so radikal ausgeübt, dass sie die Dreißigerjahre gar nicht mehr erlebten.

Das Bild der verwegenen neuen Frau, die nicht allein raucht und tanzt, sondern auch noch Auto fährt oder gar Flugzeug fliegt, ist im Großen und Ganzen ein Idealbild – ein Image –, das wesentlich von den Magazinen jener Zeit geprägt wurde und dem selbstverständlich nicht jede Frau der Zwanzigerjahre entsprach. Die zahllosen Aufnahmen und Illustrationen von sportlichen Damen hinterm Steuer täuschen ein wenig darüber hinweg, dass keineswegs alle Frauen die Möglichkeit besaßen, den Führerschein zu machen – vom Flugschein ganz zu schweigen. Unter denjenigen, deren Mittel es erlaubten, waren Pionierinnen wie Clärenore Stinnes oder Amelia Earhart gewiss absolute Ausnahmeerscheinungen. Und sie waren Idole: Als prominente Trägerinnen des Images eines innovativen Frauentyps vermittelten sie ihren Zeitgenossinnen – ob sie nun Automobile fuhren oder nicht – großes Selbstbewusstsein und demonstrierten maximale Autonomie. Ebendies verbindet sie mit all jenen Protagonistinnen der Zwanzigerjahre, die in diesem Buch vorgestellt werden. »Die Frau ist es müde geworden, das Ideal des Mannes zu sein«, schrieb Robert Musil 1929 – ein Satz, der sich jedem Einzelnen der hier versammelten achtzehn Porträts als Motto voranstellen ließe. Die Schriftstellerinnen, Künstlerinnen, Modeschöpferinnen, Fotografinnen, Schauspielerinnen, Tänzerinnen und Sportlerinnen, um die es im Folgenden geht, schufen neue Ideale und befreiten sich von den, so die Autorin Katherine Anne Porter, »muffig abgestandenen Regeln«, die die Gesellschaft ihnen bis dato zugedacht hatte. Sie brachen mit Traditionen und Prüderie, kreierten Stile, verbreiteten neue Werte und lebten so, wie sie es wollten. Avantgardistisch zu sein bereitete ihnen neben harter Arbeit dabei vor allem eines: jede Menge Spaß – was ein Bonmot des Broadwaystars Mae West so geistreich wie treffend belegt: Die Nacht nach einem anstrengenden Bühnentag verbrachte sie für gewöhnlich Charleston tanzend, bis ihr der Schweiß rann, die Beine schmerzten und sie schließlich rief: »Raus aus den nassen Sachen, rein in den trockenen Martini.«

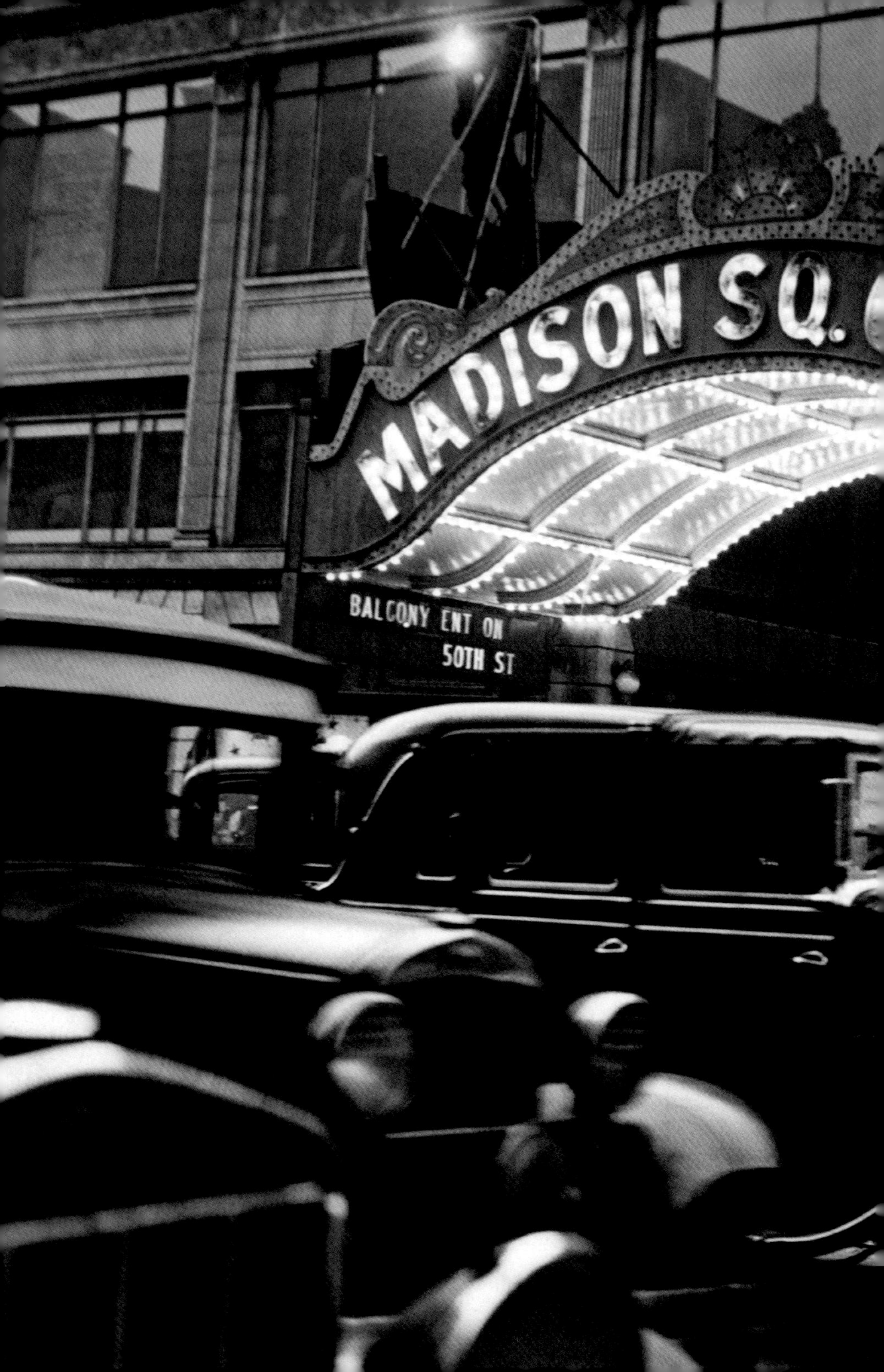
MADISON SQ.
BALCONY ENT ON
50TH ST

LITERATUR
UND
KUNST

Eine beiläufige Bemerkung, die Gertrude Stein im Gespräch mit Ernest Hemingway fallenließ, sollte Geschichte schreiben: »Ihr alle seid eine verlorene Generation«, äußerte die Dichterin und hatte dabei vor allem die Garde amerikanischer Autoren im Blick, die sich seit 1920 in Paris niedergelassen hatte. Mit ihrem Ausspruch, den Hemingway seinem Roman *Fiesta* als Motto voranstellte und damit zu weitreichender Popularität verhalf, hatte Gertrude Stein den Nerv der Zeit getroffen. Über die Grenzen der französischen Hauptstadt hinaus erkannte sich jene heranwachsende Generation von Künstlern und Schriftstellern wieder, die – desillusioniert vom Krieg und seinen Folgen – auf der Suche nach der eigenen Identität gegen eine intolerante, spießbürgerliche Gesellschaft revoltierte.

Der Aufbruch ins Jazz Age, der sich maßgeblich in den Boheme-kreisen der Metropolen New York, Paris und Berlin vollzog, war auch – und gerade – ein Aufbruch junger Frauen, die neue Lebens-formen jenseits von Prüderie und gesellschaftlichen Normen entdeckten. In New York publizierte Zelda Fitzgerald Artikel über einen neuen Frauentyp, den Flapper – und lebte ihn ebenso exzessiv vor wie Dorothy Parker, die über die Stimmung unter den Frauen ihres Literaten- und Journalistenzirkels im Algonquin-Hotel schrieb: »Wir waren furchtlos, zäh und leichtsinnig. Wir waren kleine schwarze Schafe, die vom rechten Weg abgekommen waren, so was wie die Fraueneinheit der Legion der Verdammten. [...] Als Gertrude Stein von der ›Verlorenen Generation‹ sprach, da bezogen wir das auf uns und hielten es für das schönste Kompliment, das wir je bekommen hatten.«

Nicht zufällig ist die ereignisreiche Geschichte der Pariser Literatursalons auch eine Geschichte expatriierter amerikanischer

Schriftstellerinnen. Die Stadt an der Seine, als liberalste aller Metropolen, bot ihnen ideale Bedingungen für ihre berufliche und gesellschaftliche Selbstverwirklichung. So wurde die Wohnung der aus Pittsburgh stammenden Gertrude Stein ein ebenso beliebter Treffpunkt der Avantgarde wie der Salon Natalie Clifford Barneys, die aus Cincinnati nach Paris gekommen war, oder die Buchhandlung Shakespeare & Company von Sylvia Beach. Neben Djuna Barnes, Solita Solano und Janet Flanner, die regelmäßig für die Zeitung *New Yorker* aus Frankreich berichtete, war auch Zelda Fitzgerald in ihrer Pariser Zeit regelmäßig bei Stein und Barney zu Gast. Doch das weibliche Salonpublikum bestand keineswegs nur aus Exil-Amerikanerinnen – aus Berlin und Zürich zog es die Schriftstellerinnen Helen Hessel und Claire Goll nach Paris; aus London kamen Winifred Ellerman, »Bryher« genannt, und Nancy Cunard, die nicht allein als Dichterinnen aktiv waren, sondern auch als engagierte Verlegerinnen: Bryher mit ihrem Verlag Contact Editions, der Werke von Hemingway und Stein herausbrachte, und Nancy Cunard mit ihrer bibliophilen Hours Press, die Texte der Surrealisten druckte und aus jeder Buchausgabe ein Kunstwerk machte.

»Es waren die Zwanzigerjahre, und alles war möglich.«
KAY BOYLE

Bedeutende Kunstwerke schuf auch Tamara de Lempicka. Die polnische Malerin ist zweifellos diejenige unter den Künstlerinnen der Zwanzigerjahre, die den Typ der neuen Frau in ihren Bildern am signifikantesten verarbeitete – und ihn auch in Fleisch und Blut repräsentierte. Die freizügigen Provokationen der Malerin faszinierten und verunsicherten die Zeitgenossen gleichermaßen und stellten den Erfolg, den etwa die in Paris aufgewachsene Deutsche Jeanne Mammen mit ihren gewagten Bildern von Flappern im Berliner Nachtleben erzielte, noch deutlich in den Schatten. Tamara de Lempicka kam aus Sankt Petersburg in die französische

Hauptstadt – und entstammte ebenfalls einer ›Lost Generation‹: der Generation politischer Emigranten, die sich nach ihrer Flucht vor den russischen Revolutionären neue Existenzen aufbauen mussten. An der Seine liefen die Fäden von Kunst und Literatur zusammen; nicht ohne Grund hieß der populärste Literatentreff in London Eiffel Tower und die beliebteste Künstlerkneipe Berlins Romanisches Café. Der Charme der Metropole war legendär: Als die amerikanische Schriftstellerin Kay Boyle dort im Sommer 1923 Nancy Cunard traf, tanzten beide schon nach kurzer Zeit auf einem Platz unweit der Kathedrale Notre-Dame zur Musik eines Akkordeons, einer Violine und eines Klaviers. »Niemand wunderte sich über den Anblick eines Pianos auf offener Straße«, schrieb Boyle später, »denn es waren die Zwanzigerjahre, und alles war möglich.«

ZELDA FITZGERALD

~ 1900 – 1948 ~

»SIE HABEN DIE ZWANZIGERJAHRE NICHT GEMACHT,
SIE WAREN DIE ZWANZIGERJAHRE.«

LILLIAN GISH ÜBER ZELDA UND F. SCOTT FITZGERALD

E in kleiner Text, der 1922 im New Yorker *Metropolitan Magazine* unter der Überschrift »Eulogy on the Flapper« erschien, formulierte das Manifest einer ganzen Generation: Der »Flapper«, die moderne junge Frau, hätte sich durchgesetzt, sie »schnitt sich das Haar kurz, legte die allerschönsten Ohrringe an, wappnete sich mit großer Kühnheit und viel Rouge und schritt in die Schlacht. Sie flirtete, weil es Spaß machte zu flirten, und trug einen eng anliegenden Badeanzug, weil sie eine gute Figur hatte; [...] sie lehnte es ab, sich zu langweilen, weil sie selbst nicht langweilig war. Sie war sich bewusst, dass alles, was sie tat, das war, was sie schon immer hatte tun wollen.« Es war die Parole eines neuen, befreiten Auftretens und ein Abgesang auf den Puritanismus, verfasst von einer Frau, die in Amerika wie keine andere die Roaring Twenties repräsentierte und Prototyp dessen war, was sie beschrieb: Zelda Fitzgerald, geborene Sayre, die Frau F. Scott Fitzgeralds, des populärsten amerikanischen Schriftstellers jener Zeit.

Zelda Fitzgerald war eine leidenschaftliche Balletttänzerin,
die eine große Karriere hätte machen können, wenn sie die Lebensumstände
und ihr Mann nicht davon abgehalten hätten, 1928.

»Ich war in einen Wirbelwind verliebt und musste ein riesiges Netz ausspannen, um ihn einzufangen«, schrieb Scott Fitzgerald rückblickend. Beide lernten sich 1918 in Zelda Sayres Heimatstadt Montgomery, der Hauptstadt Alabamas, kennen, wo der Schriftsteller damals als Infanterieleutnant stationiert war. Die junge Zelda galt als begabte Tänzerin; ein Talent, das von ihren Eltern – der Vater war Richter am Alabama Supreme Court, die musisch veranlagte Mutter entstammte der Südstaaten-Oberschicht – von Beginn an gefördert wurde. Rasch verstand sie es, sich in den Mittelpunkt gesellschaftlicher Events und in den Fokus der Öffentlichkeit zu rücken: »Sie *könnte* tanzen wie die Pawlowa«, urteilte der *Montgomery Advertiser*, vergeude aber, »statt sich professionell zu bewegen, ihre Fähigkeiten mit zahlreichen Tänzern in endlosen Ballnächten«. Sie war das begehrteste Mädchen der Stadt und ließ Scott Fitzgerald eine ganze Weile zappeln, bevor sie seinem Werben nachgab und zu ihm nach New York zog.

Gleich mit seinem ersten Roman *Diesseits vom Paradies*, der unmittelbar vor der Hochzeit beider 1920 erschienen war, gelang Scott Fitzgerald der Durchbruch. Die Zeitungen rissen sich fortan um seine Short Storys, und die hohen Gagen, die er nun einstrich, gab das junge Paar mit vollen Händen aus: für ständig wechselnde Hotels und Wohnungen, opulente Diners, teure Shoppingtouren und Theaterbesuche, ausschweifende Nächte in den Revuen am Broadway oder in den ›Speakeasies‹, den illegalen Flüsterkneipen, die in Zeiten der Prohibition Hochkonjunktur hatten – und für jede Menge Partys, die sie entweder selbst gaben oder zu denen sie sich, auf den Dächern der New Yorker Taxis sitzend, chauffieren ließen. Champagner und Gin flossen in Strömen, und für Eskapaden jeglicher Art war insbesondere Zelda Fitzgerald stets zu haben, nicht selten sprang sie bekleidet in öffentliche Brunnen oder unbekleidet in die Badewannen ihrer verdutzten Gastgeber. »Sie ist zweifellos die gescheiteste und schönste Frau, die ich kenne«, notierte Alexander McKaig, selbst leidenschaftlicher Partygänger und guter Freund Scott Fitzgeralds aus gemeinsamen Princeton-Zeiten. Der fortschrittliche Ehemann tolerierte so manchen Flirt seiner Frau, sie schmeichelte ihm damit sogar, da sie nichts anderes tat, als die Ideale der Frauenfiguren seiner Geschichten auszuleben. Zelda und Scott Fitzgerald waren das Traumpaar des Jazz Age – jenes Zeitalters, das seine Bezeichnung der gleichnamigen Kurzgeschichtensammlung Scott Fitzgeralds, *Tales of the Jazz Age*, Geschichten aus der Jazz-Ära, verdankt. Sie glänzten, meinte Dorothy Parker, »als wären sie gerade der Sonne entsprungen«.

Eifersüchtig gebärdete sich Scott Fitzgerald allerdings, als seine Frau anfing, selbst schriftstellerische Ambitionen zu entwickeln. Das exzessive Partyleben, das beide auch nach der Geburt ihrer Tochter Scottie 1921 nicht aufgaben, erfüllte Zelda Fitzgerald auf Dauer nicht. Häufiger schon hatte sie ihrem Mann vorgehalten, dass er Aufzeichnungen von ihr, mitunter wortwörtlich, für seine Texte

Das Buchcover von
Zelda Fitzgeralds
autobiografischem Roman
Save Me the Waltz,
der sich auch als Gesell-
schaftsporträt der 1920er
Jahre liest.

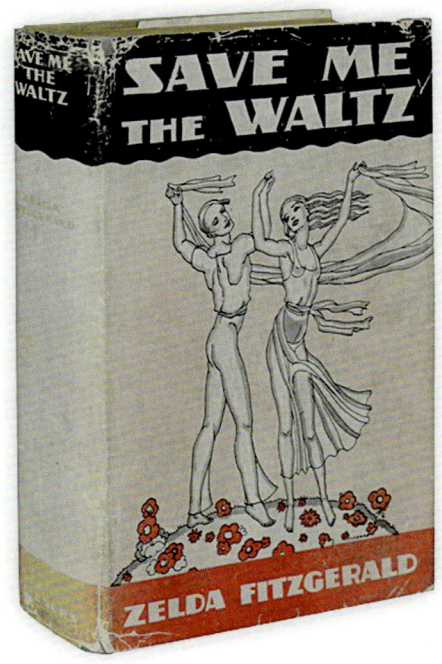

verwendete – ohne jeglichen Verweis auf die Urheberin; und als der Herausgeber der Zeitschrift *The Smart Set*, George Nathan, sich für ihr Tagebuch interessierte und anbot, Teile davon zu publizieren, wusste Scott Fitzgerald dies, sehr zum Leidwesen seiner Frau, zu verhindern. Zur Zeit des Erscheinens seines Romans *Die Schönen und die Verdammten* – unverkennbar ein Schlüsselwerk über die eigene Beziehung – war das Eheglück merklich abgekühlt, zumal der Alkoholkonsum des Starautors pathologische Züge angenommen hatte und das Paar mittlerweile sehr viel mehr Geld ausgab, als es durch die Publikationen Scotts einnahm.

1924 wagten die verschuldeten Fitzgeralds einen Neuanfang. Sie schifften sich nach Frankreich ein und mieteten für den Sommer die Villa Marie oberhalb von Saint-Raphaël an der Côte d'Azur, wo sie mit Pablo Picasso und Fernand Léger auf prominente Vertreter der Pariser Avantgarde trafen. Ihr neues Leben ließ sich zunächst gut an, Frankreich war erheblich günstiger als New York, Scott Fitzgerald trank in Maßen und arbeitete mit Hochdruck an einem neuen Roman. Die Affäre seiner Frau mit einem französischen Fliegeroffizier löste jedoch eine Krise aus, die trotz des darauffolgenden Umzugs nach Italien, wo das Leben noch preiswerter war, letztlich unbewältigt blieb. Auf Capri traf Zelda Fitzgerald die amerikanische Künstlerin Romaine Brooks, die der unterforderten Landsfrau neue kreative Impulse verlieh und ihr Interesse für die Malerei weckte. Die ansonsten eher asketische Zeit neigte sich jedoch bald ihrem Ende: Im April 1925 erschien endlich der Roman, an dem Scott Fitzgerald zuvor so intensiv gearbeitet hatte: *Der große Gatsby* wurde, zumindest finanziell, ein Erfolg und verschaffte ihnen die Mittel, das exklusive Leben, das sie in New York aufgegeben hatten, in Paris wiederaufzunehmen.

In den Cafés und Clubs am Montmartre und in der Dingo American Bar an der Rue Delambre, seinem Stammlokal am Montparnasse, feierte das Paar gern und ausgiebig, ging dabei aber zunehmend getrennte Wege. Scott Fitzgerald freundete sich mit Ernest Hemingway an, den er im Dingo kennengelernt hatte, und trank mit ihm mehr denn je. Seine Frau entwickelte rasch eine heftige Abneigung gegen Hemingway und kritisierte seine Macho-Pose: Niemand sei so maskulin, wie er es vorgebe zu sein, verspottete sie ihn; er wiederum beklagte, ihr Eigensinn gefährde das Genie und die Karriere ihres Mannes. Zelda Fitzgerald traf sich derweil lieber mit den unabhängigen, beruflich erfolgreichen Frauen der Pariser Left Bank, allen voran mit Natalie Barney und Gertrude Stein, deren Salons sie besuchte. Der Umgang mit ihnen dürfte ihren Entschluss gefördert haben, an die in jungen Jahren abgebrochene Karriere als Tänzerin wieder anzuknüpfen – nicht zuletzt als Therapiemaßnahme gegen ihre zunehmende psychische Labilität.

> *»Ich will nur ich selbst sein und*
> *mein Leben genießen.«*
> ZELDA FITZGERALD

Der intensive Tanzunterricht, den Zelda Fitzgerald bei Lubow Egorowa, Leiterin der Ballettschule der Balletts Russes, nahm, gipfelte schließlich in erfolgreichen Auftritten in Nizza und Cannes. Da die Stunden allerdings kostspielig waren und die finanziellen Mittel – wieder einmal – in dem Maße schwanden, in dem der Alkoholkonsum ihres Mannes stieg, bot sie Harold Ober, einem namhaften Agenten Scott Fitzgeralds, selbst verfasste Kurzgeschichten zur Vermittlung an und trat damit in unmittelbare Konkurrenz zu ihrem zunehmend unproduktiven Ehemann. Sosehr ihm ihr Einbruch in seine Domäne auch missfiel, so schnell gelang es ihm doch, davon zu profitieren: Einige ihrer Short Storys erschienen unter seinem Namen, weil sie auf diese Weise mehr einbrachten. Einmal verlangte Scott Fitzgerald von Harold Ober 1000 Dollar für eine Geschichte Zeldas, sofern die Zeitschrift *College Humor* sie beide als Verfasser angeben wolle; könne das Magazin aber nur die Hälfte zahlen, solle allein der Name seiner Frau genannt sein. Und für ihre Erzählung »A Millionaire's Girl« forderte er sogar 4000 Dollar – vorausgesetzt, er allein gelte als Autor;

Zelda und ihr friedlich aussehender Ehemann
F. Scott Fitzgerald, 1921, der in Wirklichkeit zu heftigen Gewaltausbrüchen
neigte, vor allem nach reichlichem Alkoholkonsum.

die *Saturday Evening Post*, in der die Geschichte zum Abdruck kam, wies sie schließlich als seine aus.

Die Depressionen Zelda Fitzgeralds verstärkten sich. Während eines längeren Klinikaufenthaltes in Baltimore – 1931 waren die Fitzgeralds endgültig wieder nach Amerika übergesiedelt – schrieb sie, animiert von der Ärztin Mildred Squires, ihren autobiografischen Roman *Ein Walzer für mich*. Diesmal sollte ihr Mann weder als Autor auftreten noch inhaltlich eingreifen, »ich möchte [...], dass Du ganz genau begreifst«, teilte sie ihm mit, »dass das ganze [...] Material mein legitimer Stoff ist, den zu sammeln es mich ein ganz schönes emotionales Sümmchen gekostet hat«. 1932 erschien das Buch im Verlag Scribner's in New York und bekam, auch wenn es partiell als klatschträchtiges Enthüllungswerk über das Scheitern eines Prominentenpaares wahrgenommen wurde, viel positive Resonanz und seriöse Kritiken.

Therapeutisch kam der schriftstellerische Befreiungsschlag letztendlich zu spät. Zelda Fitzgeralds Suizidversuche häuften sich, in den folgenden Jahren verließ sie die Kliniken immer seltener und kam 1948 bei einem Brand im Highland Hospital in Ashville ums Leben. Zehn Jahre lang hatte sie sich, so Scott Fitzgerald, »im Höchsttempo in der muntersten aller Welten« bewegt und – als Vorzeigefrau der Goldenen Zwanziger – den Flapper, die selbstbestimmte Frau, die ihr Mann in seinen Büchern propagierte, in Perfektion verkörpert. »Ich habe in der Tat die Heldin meiner Romane geheiratet«, gestand Scott Fitzgerald; als seine »Heldin« begann, ihre Autonomie beim Wort zu nehmen, ging die Traumbeziehung allerdings zusehends in die Brüche. Gleichwohl hatte Zelda Bedeutendes erreicht: »*Mrs. F. Scott Fitzgerald* started the flapper movement«, war in der zeitgenössischen Presse zu lesen – das Entfachen der neuen Bewegung verband man mit ihrer Person, nicht mit der ihres Mann oder den Figuren seiner Romane.

NANCY CUNARD

∼ 1896 – 1965 ∼

»NANCY CUNARD HAT BESTIMMT DIE HÄLFTE
ALLER DICHTER UND SCHRIFTSTELLER
DER ZWANZIGERJAHRE INSPIRIERT. SIE SAHEN IN IHR
DIE GIOCONDA JENER ZEIT.«

HAROLD ACTON

E in handfester Skandal erschütterte im Dezember 1930 das Londoner Stadthaus Lady Emerald Cunards, die sich als Salonnière der kulturellen und politischen High Society einen Namen gemacht hatte und es eigentlich gewohnt war, Eklats und gesellschaftliche Fehltritte anderer zu bewerten. Doch diesmal war Lady Emerald selbst betroffen. Ihre Tochter Nancy Cunard, die, wie ihre Mutter, als exzentrisch und rebellisch galt und seit 1923 in Paris lebte, stellte mit ihrer jüngsten Eskapade alles Gewesene in den Schatten: Kein Alkohol, keine Drogen diesmal, vielmehr erhitzte Nancys Liebesbeziehung zu dem schwarzen Jazzpianisten Henry Crowder die Gemüter der Londoner Oberschicht. In ihrem Vorhaben, mit Crowder in die britische Hauptstadt zu reisen, sah man eine zusätzliche Provokation. Unverhohlen drohte Lady Emerald ihrer Tochter aus der Ferne, sie samt Liebhaber gesetzlich verfolgen und ausweisen zu lassen. Nancy Cunard antwortete umgehend – allerdings öffentlich, in ihrer 1931 publizierten Streitschrift *Black Man and White Ladyship. An Anniversary*: »Aber, Ihre Ladyschaft, Sie können keinen Menschen töten oder aus England ausweisen,

Nancy Cunard war die Muse zahlreicher interessanter Männer ihrer Zeit,
darunter auch die Man Rays, der sie 1926 fotografierte.

bloß weil er schwarz ist und sich unter die Weißen mischt. [...] Nein, mit Ihnen ist es das gleiche alte Leid, die [gesellschaftliche] Klasse.«

So unversöhnlich sich Mutter und Tochter auch gegenüberstanden, ihre Lebenswege wiesen immer gewisse Parallelen auf. Wie Nancy Cunard, die sich zu Beginn der Zwanzigerjahre im liberaleren Paris niederließ, hatte auch ihre Mutter jener engstirnigen Gesellschaft, der sie entstammte, einst den Rücken gekehrt und war 1895 mit Sir Bache Cunard, dem betuchten Sprössling der mächtigen Cunard-Reederei, aus Amerika nach England übergesiedelt. Der vergleichsweise konservativen Salongesellschaft, die von der Mutter zunächst in Leicestershire, später im Haus am Londoner Grosvenor Square empfangen wurde, versuchte Nancy Cunard schon früh zu entkommen: Ihrer zwei Jahre währenden Ehe mit dem australischen Offizier Sydney Fairbairn, 1916 ohne mütterlichen Segen geschlossen, folgte eine längere, problematische Affäre mit Aldous Huxley, den sie im Londoner Literaten- und Künstlertreff Eiffel Tower kennengelernt hatte.

Weitaus größer als das Talent für unkomplizierte Beziehungen war ihre schriftstellerische Begabung. 1916 hatte Edith Sitwell sieben Gedichte Nancy Cunards in die Anthologie *Wheels* aufgenommen. Neun Jahre später landete sie mit dem umfänglichen Poem »Parallax«, das mit T. S. Eliots »The Waste Land« verglichen wurde, schließlich ihren größten Erfolg, selbst die kritische *Times* bescheinigte dem Werk, die »komplexe Schöpfung eines energiegeladenen Geistes« zu sein. Zu jener Zeit lebte Nancy Cunard bereits in Paris. Der Lyriker Ezra Pound, den sie noch aus England kannte und in Frankreich wiedertraf, hatte sie schon vor dem Erscheinen von »Parallax« immer wieder zur Publikation ihrer Gedichte animiert, ebenso wie die Journalistinnen Janet Flanner und Solita Solano.

Flanner und Solano waren ein schillerndes Paar der Pariser Left Bank und wurden schnell zu guten Freundinnen Nancy Cunards. Ausgestattet mit der elegantesten Garderobe der Marken Poiret und Vionnet, die Lady Emerald ihrer Tochter stets ungefragt aus London schickte, avancierten die drei Frauen in den Cafés und Restaurants der Seine-Metropole sowie auf zahlreichen Partys in Nancy Cunards Appartement in der Rue Le Regrattier zum stadtbekannten, glamourösen Dreigestirn. Maler und Fotografen flehten sie förmlich an, ihnen Modell zu stehen, insbesondere, so Solita Solano, »Nancys ägyptischer Kopf mit den stolzen Nofretete-Augen und dem feinen, scharlachrot nachgezogenen Mund« hatte es verschiedensten Künstlern angetan. Winifred Bryher Ellerman, Schriftstellerin und Zeitgenossin, erinnerte sich an ihr »atemberaubendes Auftreten, das alle sofort aufsehen ließ«, sobald sie, etliche schwere Armreife tragend, den Raum betrat. Die Fotografen Man Ray, Curtis Moffat und Cecil Beaton, die Maler Oskar Kokoschka und Wyndham Lewis, die Dichter Aldous Huxley, Ezra Pound und Tristan Tzara waren nur einige von vielen, die Nancy Cunard porträtierten.

»Sie [Nancy Cunard] gehörte zu den Superreichen, wiewohl sie von ihrer Mutter enterbt worden war. [...] Einerseits stockenglischer Snob, stürzte sie sich andererseits in jedes Wagnis, besonders in alle Feldzüge für die Menschenrechte.«

CLAIRE GOLL

Für die Avantgardisten um André Breton, die mit ihrem 1924 verabschiedeten *Manifest des Surrealismus* die Kunst revolutionierten, war Nancy Cunard die reale Entsprechung ihres weiblichen Idealbildes. Im Bureau Central des Recherches Surréalistes, öffentlicher Treffpunkt der Kunsterneuerer nahe dem Boulevard Saint-Germain, begegnete sie Louis Aragon, mit dem sie zwei Jahre lang, wie Claire Goll meinte, »ein drolliges und vergnügtes Paar« bildete – bis die Beziehung mit einem großen Knall endete: Im Zuge eines heftigen Streits während einer Venedigreise im Sommer 1928 drohte Aragon im Affekt, sich umzubringen, und nahm tatsächlich, nachdem Nancy Cunard ihn nicht ernst genommen hatte, eine Überdosis Schlaftabletten. Er wurde noch rechtzeitig

von den Angestellten ihres Hotels gerettet. »Ich glaube«, schrieb sie später in einem Brief an Janet Flanner, »nie hat mich jemand geliebt außer Louis [...]. Ich hingegen habe viele wirklich und vollständig geliebt.«

Im gleichen Jahr verwirklichte Nancy Cunard ein Projekt, das sie bereits seit dem Beginn ihrer schriftstellerischen Laufbahn beschäftigt hatte: Mithilfe des beträchtlichen Kapitals, welches ihr nach

Nancy Cunard vor dem Grampion Hotel in Harlem,
mit John Banting (links) und Taylor Gordon, im Mai 1932.

dem Tod ihres Vaters als Haupterbin zukam, gründete sie die Hours Press – einen bibliophilen Handpressen-Verlag, dessen sämtliche Erzeugnisse in kleinen Auflagen mit Drucktypen aus dem 18. Jahrhundert gesetzt wurden. »Nancy, die letzte der berühmten Cunards, steuert ihre Handpresse in die stürmische literarische See der Montparnasser Surrealisten«, titelte *Paris Tribune*, und mit Namen wie Aragon, Pound, Man Ray, Ives Tanguy und Samuel Beckett – dessen erste eigenständige Veröffentlichung *Whoroscope* in der Hours Press erschien – war die Liste der Autoren und Künstler, mit der die Verlegerin aufwarten konnte, in der Tat reich an prominenten Surrealisten.

Auch ein Werk über die Musik Henry Crowders, den Nancy Cunard 1928 im Anschluss an das Desaster mit Aragon in einer venezianischen Jazzbar kennen und später lieben gelernt hatte, erschien in der Hours Press: *Henry-Music*, unter anderem mit Beiträgen Becketts und der Verlegerin selbst sowie mit Fotografien Man Rays. Ihre größte literarische Leistung war aber 1934 die Herausgabe der bis dato einzigartigen Anthologie *Negro* im Londoner Verlag Wishart & Co.; eine fast 900 Seiten starke, 150 Artikel umfassende und 550 Illustrationen beinhaltende, kulturelle, politische und historische Dokumentation des Lebens der schwarzen Bevölkerung in Afrika und Amerika – gleichzeitig ein mutiges, avantgardistisches Manifest gegen Ausgrenzung und Diskriminierung.

An Courage mangelte es Nancy Cunard nie – 1931 reiste sie wie angekündigt mit Crowder nach London. Den Nachstellungen der Geheimpolizisten, die Lady Emerald auf sie angesetzt hatte, konnten sich beide entziehen und blieben schließlich einen ganzen Monat dort. Für Menschenrechte trat Nancy Cunard stets mit dem gleichen Maß an Kompromisslosigkeit und Engagement ein, mit dem sie auch Liebesbeziehungen führte. Ihre Leidenschaftlichkeit war enorm – und manchmal etwas überbordend: Henry Crowder jedenfalls erwiderte einmal auf die Nachfrage Janet Flanners, ob sein blaues Auge von einem Verkehrsunfall herrühre: »Nein [...], es ist das Werk von Armreifen.«

43

Pariser Straßencafészene, um 1925.

DOROTHY PARKER

~ 1893 – 1967 ~

»HERRGOTT, WIR LEBTEN JA IN DEN ›ZWANZIGERN‹, UND DA MUSSTEN WIR EINFACH SMART SEIN.«
DOROTHY PARKER

em Vorwurf der Verbreitung unsittlicher Texte wollte sich selbst ein modernes und liberales Magazin wie die *Vogue* nicht aussetzen – unmittelbar bevor die betreffende Ausgabe in den Druck gehen sollte, verhinderte der verantwortliche Redakteur eine pikante Bildunterschrift, die die Aufnahme eines Models in einem kostspieligen Negligé zierte: »Es war einmal ein Mädchen«, stand dort, »dem fiel ein kleines Löckchen in die Stirn. Wenn es artig war, war es sehr artig, und wenn es unartig war, dann trug es dieses göttliche rosa Seidennachthemd, besetzt mit duftiger Valenciennespitze.« Der freche Kommentar war seiner Zeit voraus. Zehn Jahre später wäre er vielleicht durchgegangen, doch 1915, als er verfasst wurde, konnten der *Vogue*-Leserschaft Andeutungen wie diese noch nicht zugemutet werden. Urheberin war die junge Texterin Dorothy Rothschild – eine, so die damalige *Vogue*-Chefredakteurin Edna Woolman Chase, »kleine dunkelhaarige Elfe, mit honigsüßer Stimme, aber beißendem Spott«. Durch ihre unorthodoxen Botschaften unter den Fotos, mit denen die abgebildeten Mode- und Designprodukte angepriesen wurden, hatte sie sich

Dorothy Parker mit eleganter Pelzstola und modischem Hut.

schnell einen Namen gemacht und schrieb bald umfangreichere Beiträge. Doch auch hier war Vorsicht geboten: So war beispielsweise
einer ihrer Artikel, der das Inventar einer Luxusvilla beschrieb
und den verantwortlichen Innenausstatter vorstellte, mit »Interior
Desecration« überschrieben – die Schlussredaktion hatte das
Wortspiel, das die »Decoration« zur »Desecration«, zur »Schande«,
machte und dem Blatt im Anschluss sehr viel Ärger bereitete,
schlichtweg übersehen.

Aperçus wie diese wurden schon früh zum Markenzeichen
Dorothy Parkers, die bis 1917, dem Jahr ihrer Hochzeit mit dem
Wallstreet-Börsenmakler Edward Parker, noch unter ihrem Geburts-
namen Rothschild schrieb. Aufgewachsen an der noblen Upper
West Side Manhattans, als Jüngste von vier Sprösslingen einer
Unternehmerfamilie, verbrachte sie eine eher freudlose Kindheit
und fühlte sich seit dem plötzlichen Tod ihrer Mutter 1898 im Stich
gelassen und isoliert. Die Stiefmutter war der rebellischen »Dottie«
verhasst, ihrer Umwelt misstraute sie und entwickelte bereits in
jungen Jahren einen ausgeprägten Zynismus. Ihre Aufmüpfigkeit
führte unter anderem dazu, dass sie von der Blessed Sacrament
Academy, einer katholischen Privatschule in der 79. Straße, flog –
»nicht zuletzt deshalb«, erinnerte sich Dorothy Parker später, »weil
ich die unbefleckte Empfängnis als Selbstentzündung definierte«.
Der journalistischen Laufbahn tat dies keinen Abbruch, im Gegen-
teil: Kurz nach dem vielversprechenden Debüt bei der *Vogue*
wechselte Dorothy Parker zu *Vanity Fair*, verfasste als erste Frau
ihrer Heimatstadt Bühnenkritiken und startete, nachdem ihr
Mann zum Sanitätskorps eingezogen und in Frankreich stationiert
wurde, eine beachtliche Karriere, in deren Verlauf sie schließlich
zur populärsten Theater- und Literaturkritikerin New Yorks werden sollte – und zur Ikone der New Yorker Partyszene: Mit dem
Journalisten Robert Benchley, ihrem Redaktionspartner bei *Vanity
Fair*, zog sie nächtelang durch die Flüsterkneipen Manhattans
und zählte zu den Gründungsmitgliedern des legendären ›Round
Table‹ im Hotel *Algonquin* zwischen Broadway und Fifth Avenue;

ein Stammtisch junger Bohemiens und talentierter Schriftsteller, Journalisten und Schauspieler, deren unbestrittener Mittelpunkt Dorothy Parker war.

Als die »größten Talente der Zukunft« bezeichnete Frank Case, der Manager des Algonquin, seine Schützlinge, die sich seit Juni 1919 regelmäßig zum Lunch im von ihm bereitgestellten Rose Room des Hotels trafen. Neben Dorothy Parker und Benchley waren unter anderem der einflussreiche *New York Times*-Kritiker Alexander Woollcott, der Schauspieler Harpo Marx und Harold Ross, der spätere Gründer des epochalen Magazins *The New Yorker*, Round-Table-Teilnehmer der ersten Stunde. Später kamen die

---

Dorothy Parker und Robert Benchley (rechts) mit
Frank Crownshield (*Vanity Fair*), Edna Chase (*Vogue*) und dem
Verleger Condé Nast, 1919. Letzterer hatte die Zeitschrift *Vogue*
1905 gekauft und weltweit erfolgreich gemacht.

Schriftstellerin Edna Ferber, die Schauspielerin Tallulah Bankhead und die Grafikerin Neysa McMein hinzu, die allesamt gute Freundinnen Dorothy Parkers wurden. Smartes Auftreten war im Algonquin Gesetz – und dies nicht allein die Rhetorik betreffend: Dorothy Parker tauchte dort gern in weißen Handschuhen und mit ausladenden Hüten auf; gelegentlich trug sie, wie ihre Biografin Michaela Karl schreibt, »eine Federboa, die mit Vorliebe in den Tellern der anderen Gäste landet und bei Gelegenheit auch mal Feuer fängt, wenn sich jemand eine Zigarette anzündet«. Mit Tallulah Bankhead – Inkarnation des Flappers schlechthin, sie war berühmt für ihre Schönheit, ihren sagenhaften Gin- und Zigarettenkonsum, zahlreiche Affären und die Angewohnheit, alle ausnahmslos mit »Darling« anzureden –, Edna Ferber, Benchley und dem harten Kern des Round Table initiierte Dorothy Parker darüber hinaus den ›Vicious Circle‹, der sich vornehmlich im Atelier Neysa McMeins traf, in deren Badewanne eine Destillieranlage installiert war – in Zeiten der Prohibition eine höchst komfortable Einrichtung für alle Beteiligten.

> *»Mrs. Hepburn beherrscht die ganze Bandbreite*
> *der Emotionen – von A bis B.«*
>
> DOROTHY PARKER über die
> Schauspielerin Katharine Hepburn

Vom Algonquin war es nur ein Katzensprung zu den Theatern am Broadway, der Arbeitswelt Dorothy Parkers. Unmittelbar nach ihrem Rausschmiss bei *Vanity Fair* – in einem ihrer Artikel hatte sie die Frau des Gründers der legendären Broadway-Revue *Ziegfeld Follies*, Florenz Ziegfeld jr., der eng mit *Vanity Fair*-Verleger Condé Nast befreundet war, beleidigt – entschied sie sich für ein Leben als freie Kritikerin und Journalistin. Benchley verließ aus Solidarität zu seiner Kollegin ebenfalls die Zeitschrift; das Ein-Zimmer-Büro, das beide darauf in der Nähe des Times Square mieteten, war winzig. »Wäre es auch nur einen Zentimeter kleiner gewesen«, schrieb

Dorothy Parker später, »wäre es kein Büro mehr gewesen, sondern Ehebruch.« Sie arbeitete für zahlreiche Blätter und verantwortete eine viel gelesene Kolumne im *Ainslee's Magazine*, das seiner prominenten Kritikerin alle Freiheiten ließ. Mit der 1922 in der Zeitschrift *The Smart Set* erschienenen Kurzgeschichte »Such a Pretty Little Picture« gelang ihr auch als Erzählerin der Durchbruch, die Kritiker – unter ihnen William Somerset Maugham – überschlugen sich geradezu vor Lob.

Im gleichen Maße, in dem Dorothy Parker beruflich glänzte, ließ das private Glück zu wünschen übrig: Der Round Table im Algonquin wurde mehr und mehr zum Zuhause Dorothy Parkers, ihre Ehe ging dem Ende entgegen, seit ihr Mann nach seiner Rückkehr aus Europa zum notorischen Trinker geworden war. »Ich erwarte nur drei Dinge von einem Mann: gutes Aussehen, Rücksichtslosigkeit und Dummheit«, äußerte sie desillusioniert im Anschluss an die Trennung von Edward Parker und stürzte sich kopfüber in die Partys des Vicious Circle und eine Reihe aussichtsloser Beziehungen. Auch sie trank nun exzessiv, zumal sie nach ihrem Umzug ins Hotel Algonquin im Jahr 1924 einen denkbar kurzen Weg zum Bartresen hatte. Der Arbeitsdisziplin war dies auf Dauer abträglich: Ihre Artikel, Kurzgeschichten und Gedichte, die sie vornehmlich im von Harold Ross frisch ins Leben gerufenen *New Yorker* veröffentlichte, lieferte sie nur noch selten fristgemäß. Der Verleger George Palmer Putnam drohte ihr sogar einmal erfolgreich mit dem Einschalten der Polizei, um sie zur Abgabe eines Textes zu bewegen. Mitte der Zwanzigerjahre führte Dorothy Parker ein Leben am Limit, was schließlich zu einer Depression führte – und, als therapeutische Maßnahme, zu einem längeren Aufenthalt in Paris im Jahr 1926.

Der Pariser Exilantenkreis um Zelda und Scott Fitzgerald, Ernest Hemingway und das wohlhabende Ehepaar Sara und Gerald Murphy empfing die erholungsbedürftige Landsfrau mit offenen Armen. Das Verhältnis zu Hemingway, den sie für einen »gottverdammten Snob« hielt, war von Anfang an ambivalent, aber

insbesondere die Murphys, die sie später in deren Villa America in Antibes an der Côte d'Azur besuchte, vermittelten ihr neuen Lebensmut. Nach ihrer Heimkehr ging sie neue Wege und engagierte sich, als Journalistin und Schriftstellerin, auch politisch, gegen Rassismus und Minderheitendiskriminierung. Ihr erster Gedichtband, *Enough Rope*, der Ende 1926 herauskam, wurde ein großer Erfolg – und ihre Kolumne »The Constant Reader« im *New Yorker* ein noch größerer. Hier erschienen viele ihrer Literaturkritiken, die bis heute legendär sind und damals bei Autoren regelrecht gefürchtet waren: »In diesem Roman«, urteilte sie etwa über ein Werk Nathalie Colbys, »gibt es so viele Personen wie bei einem *Player's Club*-Treffen, und Mrs. Colby stopft auf eine nicht gerade behutsame Art so viele Menschen in ihr erstes Kapitel, dass der Leser ernsthaft Gefahr läuft, vom Mob totgetrampelt zu werden.« Auch William Lyon Phelps Buch *Happiness* wurde zum Opfer ihrer beispiellosen Bonmots: »Als Begleitung für die Badewanne wird es nur von einer Quietscheente übertroffen. Man kann es in der Hand halten, ohne dass Muskulatur und Nerven ermüden. Man kann es auch ganz ordentlich auf dem Rücken eines Wasserhahns abstellen, und man kann es auslesen, ehe das Wasser kalt ist. Wenn es dann den Abfluss hinunterschwimmt, auch gut, dann lassen Sie es schwimmen.«

Gegen Ende der Dekade war sicherlich keine Kritiker-Feder spitzer als die Dorothy Parkers – und darüber hinaus schrieb keine Autorin so epochale Kurzprosa wie sie. Ihre Geschichte »Big Blonde« wurde als Short Story des Jahres 1929 ausgezeichnet, was sie nicht zuletzt finanziell entlastete und einen gut dotierten Vertrag über einen – letztlich nie realisierten – Roman nach sich zog. Auch *Laments for the Living*, die erste in Buchform veröffentlichte Geschichtensammlung, schlug ein wie eine Bombe. Die Erfolge wurden allerdings wieder ausgiebig gefeiert, und obgleich Dorothy Parker zwischenzeitlich aus dem Algonquin ausgezogen war, kehrten mit den Partys auch die alten Gewohnheiten und Abstürze zurück; einmal trank sie eine Flasche Schuhpolitur und landete anschließend im Krankenhaus. Weitere »Fluchtversuche« nach Frankreich, die sie um 1930 unternahm, brachten diesmal keinen Erfolg – Dorothy Parker war New Yorkerin durch und durch, und so gut Europa ihr auch tat, ihre Heimat ließ sie nicht los. Erst als sie New York definitiv den Rücken gekehrt hatte und mit dem Schauspieler und Schriftsteller Alan Campbell nach Hollywood gezogen war, um für die Filmproduktionsfirma Paramount Drehbücher zu verfassen, kehrte Ruhe in ihr Leben ein. 1952 sollte sie schließlich in »ihre« Stadt zurückkehren – den New Yorkern erschien es dabei, als sei sie nie fort gewesen. Die Bewohner des Big Apple hatten Dorothy Parker so in Erinnerung behalten, wie der Schriftsteller und Round-Table-Teilnehmer Marc Connelly sie rückblickend beschrieb: »Es war nicht schwer, sich in sie zu verlieben. Sie war stets bereit, irgendetwas anzustellen, war für jeden Spaß zu haben. Sie war immer dabei, wenn irgendwo was los war, und es war eine Menge los in diesen Tagen.«

TAMARA DE LEMPICKA

⤳ 1895/98 – 1980 ⤳

»ICH LEBE EIN LEBEN AM RANDE DER GESELLSCHAFT
UND DIE REGELN DER DURCHSCHNITTSGESELLSCHAFT
GELTEN NUN EINMAL NICHT FÜR DIE AUSSENSEITER.«

TAMARA DE LEMPICKA

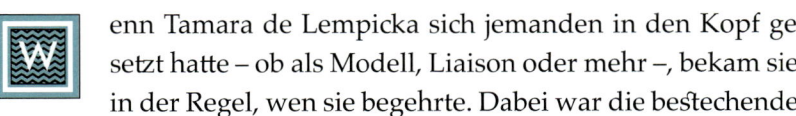 enn Tamara de Lempicka sich jemanden in den Kopf ge-
setzt hatte – ob als Modell, Liaison oder mehr –, bekam sie
in der Regel, wen sie begehrte. Dabei war die bestechende
Spontaneität, die der Malerin im Blut lag, oft sehr einträglich, wie
ihre Erinnerung an einen Theaterbesuch in Paris bezeugt: »In der
Reihe vor mir fielen mir ein Paar nackte Schultern auf und als das
Licht anging, blickte die Frau zur Seite, und ich konnte ihr Profil
sehen. […] Ich tippte der Frau auf die Schulter und sagte: ›Madame,
ich heiße Tamara de Lempicka. Ich bin Malerin. Ich arbeite gerade
an einem großen Gemälde. Fünf Frauen. Eine fehlt noch, und
die sind Sie. Würden Sie mir Modell stehen?‹ Und nach einer
Pause: ›Auch nackt?‹ Sie sah mich an und gab mir seelenruhig ihr
Einverständnis.« Bei dem betreffenden Gemälde handelt es sich
mit großer Wahrscheinlichkeit um den Gruppenakt *Le Rythme*,
der um 1924 entstanden war, zu einer Zeit, als sich zwar ein gewis-
ser Erfolg eingestellt, der Ruhm Tamara de Lempickas außerhalb

Tamara de Lempicka, 1932,
Fotografie von Dora Kallmus.

der Pariser Boheme- und Künstlerkreise seinen Höhepunkt jedoch längst noch nicht erreicht hatte. Vermutlich dürften weder ihr Popularitätsgrad noch die Aussicht auf eine Gage die malerische Unbekannte aus dem Theater dazu bewogen haben, das ungewöhnliche Angebot anzunehmen – schon zu Beginn der Karriere Tamara de Lempickas erlagen die Zeitgenossen reihenweise ihrem sinnlichen Charme. Und so fasziniert neben ihren unverwechselbaren Bildern vor allem die außerordentliche Freizügigkeit, mit der die »schöne Polin«, wie sie genannt wurde, die Pariser Gesellschaft der Zwanziger- und beginnenden Dreißigerjahre in Atem hielt. Etliche Affären mit Frauen wie Männern, deren Schönheit sie inspirierte, ihre Partys und Empfänge, bei denen neben üppigen Speise- und Getränketafeln auch Rauschmittel und nackte Serviererinnen dargeboten wurden, und nicht zuletzt die eigenwillige Angewohnheit, ihre Vergangenheit zu verschleiern, machten sie zu einer der Lichtgestalten im Paris der Années Folles.

Bis heute gibt sowohl der Ort als auch das Jahr ihrer Geburt den Biografen Rätsel auf. Anzunehmen ist, dass die Tochter einer wohlhabenden polnischen Großbürgerfamilie bereits 1895, nach offiziellen Angaben allerdings erst 1898, geboren wurde – wohl nicht in Warschau, wie sie immer angegeben hatte, sondern in Moskau. Ihre Jugend verbrachte Tamara Gorska – so ihr Geburtsname – in der Sankt Petersburger höheren Gesellschaft, wo sie 1916 den Juristen und Lebemann Tadeusz Lempicki heiratete und mit ihm nach Ausbruch der Oktoberrevolution nach Kopenhagen floh. Metropolen hatte Tamara de Lempicka demnach schon einige gesehen, bevor sie sich mit der gemeinsamen Tochter Kizette 1918 in Paris niederließen, ein einfaches Hotelzimmer bezogen und zunächst vom Erlös eines Diamantringes lebten. Da Tadeusz Lempicki keine Arbeit fand und sie wirtschaftliche Zwänge drückten, begann Tamara de Lempicka ein Kunststudium an der Académie Ranson, an der unter anderem Moise Kisling lehrte; bereits in ihrer Jugend hatte man sie Zeichenunterricht nehmen lassen, um die ausgeprägte Fantasie des Mädchens in kreative Bahnen zu lenken. Nach Kontroversen

Tamara de Lempickas Selbstporträt
Mein Porträt (Tamara im grünen Bugatti), 1929,
Öl auf Holz, 35 × 27 cm, Privatsammlung.

mit Maurice Denis, ihrem Lehrer an der Académie Ranson, der ihr nur wenig Spielraum für individuelle Ideen ließ, brach sie das Studium ab und nahm Privatunterricht beim kubistischen Maler André Lhote. Lhote erkannte ihr Talent und förderte es, bereits 1920 schuf – und verkaufte – Tamara de Lempicka ihre ersten Bilder.

Nachdem die Familie in eine Drei-Zimmer-Wohnung in der Rue Guy de Maupassant gezogen war, genoss Tamara de Lempicka ihre Teilhabe an der regen Kunst- und Kulturszene des Montparnasse in vollen Zügen. Das Viertel lieferte ihr Eingebungen en masse, in den Buchläden von Sylvia Beach und Adrienne Monnier fühlte sie sich ebenso heimisch wie im Café du Dôme, im Deux Magots oder im Café La Rotonde, wo Bilder Kislings, Soutines und Modiglianis hingen, mit denen die Maler bei finanziellen Engpässen ihre Zeche beglichen hatten. Die Zigarettenspitze elegant zwischen den Fingern balancierend, mit leuchtend rot lackierten Nägeln und ausdrucksvollen Gesten, bestach sie die Zeitgenossen durch ihre Anmut und ihren Intellekt und knüpfte wichtige Kontakte. Neben Natalie Barney, Janet Flanner und Marika de la Salle, die sie porträtierte, lernte Tamara de Lempicka auch Ira Perrot kennen; eine Nachbarin aus der Rue Guy de Maupassant, die ihr über zehn Jahre Modell sitzen und ihre beste Freundin – für eine Zeit wohl auch ihre Liebhaberin – werden sollte.

»Für mich ist Tamara de Lempicka
die erste Pop-Artistin der Kunstgeschichte.«
WOLFGANG JOOP

Der Salon des Indépendants und der Salon d'Automne, zentrale Foren für avantgardistische Künstler, stellten seit 1922 regelmäßig ihre Bilder aus, die der *Figaro* in den höchsten Tönen lobte. Bis 1925 arbeitete Tamara de Lempicka nahezu manisch. Inspirationen lieferten ihr neben dem Publikum der Salons, Bars und Cafés eine Zeit lang auch die Shows der *Revue Nègre* mit der damals achtzehnjährigen Josephine Baker – und vor allem das nächtliche Treiben in den

Destillen und Rotlichtclubs am Seine-Ufer, welche die Malerin zur Mitternacht häufig besuchte. Oftmals setzte sie sich anschließend berauscht und voller Enthusiasmus an die Staffelei und malte bis in die frühen Morgenstunden. »[Sie] trieb [...] das Spiel selbst für Pariser Verhältnisse sehr weit«, schreibt ihre Biografin Laura Claridge. »Sie war fest entschlossen, jener zeitgenössischen Ikone, der modernen Frau, in jeder Hinsicht zu entsprechen.« Gerade ihre nächtlichen Exzesse sah Tamara de Lempicka als unverzichtbaren Bestandteil ihrer Arbeit an: In zahlreichen Aktgemälden verarbeitete sie ihre ›Milieu‹-Eindrücke und schuf faszinierende Variationen jener »modernen Frau«, die ihre sexuellen Bedürfnisse nicht mehr verleugnete – etwa das Bild *Zwei Freundinnen*, das 1925 im Salon d'Automne für großes Aufsehen sorgte, oder das der *Schönen Rafaela* von 1927, von dem die *Sunday Times* fast 50 Jahre später schreiben sollte, es sei »der wohl bedeutendste Akt des zwanzigsten Jahrhunderts«. Dabei bewahrte sich Tamara de Lempicka als richtungweisende Repräsentantin der Pariser Avantgarde stets einen individuellen Stil: Ihren Figuren, die an Porträts der italienischen Renaissance erinnern, verlieh sie kubistische Formen, klare Farben und eine eigentümliche Ausstrahlung von Kühle und Sinnlichkeit. Den Kunsterneuerern des Surrealismus konnte sie wenig abgewinnen. Die *Exposition Internationale des Arts Décoratifs et Industriels Modernes* in Paris, die den Begriff ›Art déco‹ prägen sollte, sowie ihre erste große Einzelausstellung in Mailand verhalfen Tamara de Lempicka Ende 1925 auch international zum Durchbruch. »Nicht nur Paris feiert die Kunst von Madame de Lempitzka«, berichtete *Vanity Fair*, woraufhin kunstinteressierte Vertreter der Hautevolee Schlange standen, um sich von ihr porträtieren zu lassen. Einige ihrer Bilder – unter anderem ihr bis heute wohl berühmtestes Werk, das Selbstporträt *Tamara im grünen Bugatti* – zierten die Cover des populären Berliner Modemagazins *Die Dame*.

1929 zog sie, nach dem Scheitern ihrer Ehe infolge einer Mesalliance mit dem italienischen Dichter Gabriele D'Annunzio, in eine

Tamara de Lempicka, um 1931.

großzügig ausgestattete, unter anderem von Le Corbusier designte Atelierwohnung in die Rue Méchain. Dank ihrer Beziehung mit Baron Raoul Kuffner, einem vermögenden ungarischen Sammler ihrer Bilder, den sie 1934 heiratete, überstand sie die schwierigen Jahre der Weltwirtschaftskrise, die den Kunstmarkt damals nahezu zum Erliegen brachten, relativ unbehelligt; ab 1933 waren ihre Werke sogar gefragter denn je. In Tamara de Lempickas Maxime, »die Kunst und die High Society gleichzeitig zu lieben«, wie ihr Freund Jean Cocteau es beschrieb, lag der Schlüssel für ihren anhaltenden Erfolg. Gerade die High Society forderte sie – bei aller Liebe – immer wieder heraus: Wenn sich beispielsweise auf ihren Partys zur fortgeschrittenen Stunde Nacktmodelle, mit Käse überzogen und Trauben gespickt, unter die Gäste mischten und die Gastgeberin alle Anwesenden animierte, sich von der lebenden Speisetafel zu bedienen, zeigten sich viele ihrer konservativeren Bekannten verstört. Ihrem Erfolg tat dies keinen Abbruch; Tamara de Lempicka hatte wie keine andere Künstlerin das verinnerlicht, was Cocteau 1922 als Credo der Avantgarde ausgerufen hatte: »Genie in der Kunst«, meinte er, »das heißt zu wissen, wie weit wir zu weit gehen dürfen.«

SOCIETY
UND
MODE

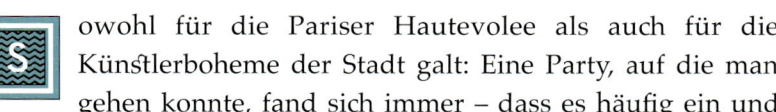

Sowohl für die Pariser Hautevolee als auch für die Künstlerboheme der Stadt galt: Eine Party, auf die man gehen konnte, fand sich immer – dass es häufig ein und dasselbe Fest war, auf dem sich die Vertreter beider Sphären trafen, war ein gesellschaftliches Novum und typisch für die Zwanziger-jahre: »Die Bedeutung eines Menschen [wird] höher geschätzt [...] als seine aristokratische Ahnenreihe, Talent höher als Vermögen und ein Künstler höher als Menschen von Rang und Namen«, schreibt die Chanel-Biografin und Modejournalistin Edmonde Charles-Roux über die Gästeauswahl, die der Pariser Kulturmäzen Comte Étienne de Beaumont für seine legendären Maskenbälle traf. Die Beaumont-Feste waren populäre Großveranstaltungen und keineswegs allein der High Society vorbehalten – auch die Bohe-miens wurden mit offenen Armen empfangen, ob sie nun einen Namen hatten oder nicht. Die blaublütige Luisa Casati feierte als »Königin der Nacht« im Diamantenkleid von Léon Bakst ausge-lassen neben Kiki de Montparnasse in ihren selbst entworfenen Kostümen aus vergleichsweise einfachen Materialien. Der Begriff der Gesellschaftsfähigkeit wurde weiter gefasst als je zuvor und definierte sich nicht mehr allein über gut situierte Verhältnisse und standesgemäße Herkunft. Entsprechend tolerant – nur nicht ganz so bunt wie in Paris – ging es auch auf den Cocktailpartys bei Condé Nast in der Manhattaner Park Avenue zu, wo Josephine Baker Charleston tanzte, Dorothy Parker mit ihren Bonmots glänzte und beide mit den reichen Vanderbilts auf das Versagen der Prohibition anstießen – und wo Lee Miller ihre Kontakte zu Starfotografen wie Edward Steichen und Cecil Beaton intensivierte. »Jeder, der zu einer Party von Condé Nast eingeladen war, stand für etwas«, so die Kolumnistin und Modedesignerin Diana Vreeland: »Er war der

Kreateur jener sozialen Welt, die man damals ›Café Society‹ nannte: Es handelte sich um eine sorgfältig ausgewählte Mischung – und wohlgemerkt keinen überfüllten Raum –, sodass Menschen sich begegneten, die man bis dahin nie zusammen in einer Runde gesehen hätte. Condé wählte seine Gäste nach ihrem Talent aus, egal woher sie kamen – aus der Literatur, dem Theater oder großen Konzernen.«

»Wenn eine Frau lächelt, dann muss auch ihr Kleid mit ihr lächeln.«

MADELEINE VIONNET

Für die Modeschöpfer der Zeit boten die lebhaften Zusammenkünfte, die Nast, de Beaumont und andere Netzwerker der Zwanzigerjahre organisierten, ideale Möglichkeiten, um die Wirkung ihrer Kreationen auf gesellschaftlichem Parkett zu erkunden, und willkommene Gelegenheiten zum Aufspüren von Trends. »Mode hängt in der Luft, der Wind trägt sie einem zu, man ahnt sie, man wittert sie, [...] sie hängt zusammen mit dem Gedankengut, den Sitten, den Ereignissen«, schrieb Coco Chanel, die auf den Veranstaltungen des Comte de Beaumont gern ihre neuesten Schöpfungen zur Schau trug und ihn – einer ihrer zahlreichen genialen Schachzüge – als Manager und Designer ihrer Bijoux de couture, ihrer Schmuckwerkstatt, anstellte. Neben den Bällen des Schöngeists de Beaumont waren es die speziell bei Kubisten und Surrealisten beliebten Künstlerfeste im Maison Watteau, organisiert von der Dänin Lena Björeson, die den Couturiers der Stadt jede Menge Inspirationen lieferten. Sonia Delaunay und Elsa Schiaparelli, die Künstlerinnen unter den Modedesignerinnen, waren dort gern gesehene Gäste und griffen Impulse auf: Sonia Delaunay entwarf zusammen mit ihrem Mann Robert und Tristan Tzara kubistische und dadaistische Kleider-Kunstwerke, und Elsa Schiaparelli schuf 1927 ihre surrealistische Kollektion, die ihr den Durchbruch bescheren sollte.

Neben den Reminiszenzen an die zeitgenössische Kunst war die Bequemlichkeit das Paradigma der Mode in den Zwanzigerjahren.

»Du sollst einen Körper mit Stoff bekleiden, kein Kleid konstru-
ieren« – so fasste Madeleine Vionnet das Credo der Modeschöpferinnen jener Zeit zusammen. Coco Chanel war die Erste, deren
Kleider die Taillen der Frauen verschwinden ließen und die den
Röhrenschnitt salonfähig machte, der ihnen optimale Beweglichkeit
ermöglichte. Der sportliche Look setzte sich durch – auch bei
der Abendgarderobe: Mitte der Zwanzigerjahre waren das
Charlestonkleid und das »kleine Schwarze« die Kassenschlager
der Modehäuser; sie gewährten größtmögliche Beinfreiheit und
versetzten ihre Trägerinnen in die Lage, ohne Probleme die Nacht
durchtanzen zu können. Elsa Schiaparelli entwarf kurz darauf ihre
körperbetonte Bade-, Tennis- und Skimode, die das öffentliche Erscheinungsbild der neuen Frau um wesentliche Facetten erweiterte.
Der Pariser Starfotograf George Hoyningen-Huene inszenierte
sowohl die Schöpfungen der Italienerin als auch die Kreationen
Coco Chanels. Eines seiner bevorzugten Models war Lee Miller;
regelmäßig präsentierte sie in der *Vogue* die Kollektionen der rivali-
sierenden Designerinnen, bevor sie ab 1929 selbst zur Kamera griff
und – höchst erfolgreich – für beide als Fotografin arbeiten sollte.

LUISA CASATI

»GROSS UND HAGER, MIT STARK GESCHMINKTEN
AUGEN, REPRÄSENTIERTE SIE DIE PRACHT
EINES VERGANGENEN ZEITALTERS, ALS EINIGE WENIGE
SCHÖNE UND REICHE FRAUEN SICH EINES BEINAHE
RÜCKSICHTSLOSEN INDIVIDUALISMUS BEDIENTEN,
UM IHR LEBEN ZU GESTALTEN UND SICH IN DER
ÖFFENTLICHKEIT ZU INSZENIEREN.«

ELSA SCHIAPARELLI

Der Rummel, den Luisa Casati verursachte, als sie in New York von Bord des transatlantischen Passagierdampfschiffes S. S. Leviathan ging, war gewaltig. Die Metropole an der Ostküste war die erste Station einer Amerikareise, die sie Ende 1925 antrat, und wie überall, wo die Marchesa sich in den folgenden Monaten niederließ, standen die Berichterstatter der Sensationspresse bereits Spalier. Schon während der Überfahrt hatte sich ein Skandal ereignet: Eine Boa constrictor, unverzichtbares Accessoire der Abendgarderobe der Italienerin, war an Bord ausgerissen, was die Passagiere in Angst und Schrecken versetzte; zum Glück richtete das Tier keinen Schaden an und blieb, sehr zum Leidwesen seiner Besitzerin, verschwunden. »La Casati [...] ist nicht nur für ihre außergewöhnliche Schönheit berühmt, sondern auch für das Exotische, Bizarre, Spektakuläre«, erklärte der *San Francisco Chronicle* seinen Lesern. Beifall und Bewunderung für den eigenwilligen

---

Die Marchesa Luisa Casati, inszeniert als
Kaiserin Elisabeth von Österreich, Fotografie von Man Ray, 1934.

Star aus Europa waren allgegenwärtig, die amerikanische *Vogue* etwa bezeichnete ein Diner in Florida, zu dem die Marchesa in Goldbrokat-Robe und mit schwarz gefedertem Goldhelm erschien, als den »elegantesten Abend in den Everglades«. Für ihre Launen und ihren individuellen Stil war Luisa Casati bereits seit der Jahrhundertwende berühmt. Obgleich die Mode der Zwanzigerjahre – geprägt durch den Bubikopf und Accessoires wie Glockenhut und »kleines Schwarzes« – die mondäne Marchesa mitunter wie eine aus der Zeit Gefallene erscheinen ließ, übte sie auf die damalige Kreativ- und Kunstszene, insbesondere auf die Avantgarde in Paris, eine große Faszination aus. Die überraschende Aussage, mit der sie die amerikanischen Klatschspalten-Reporter konfrontierte, klang daher so glaubwürdig wie kokett: »Anders zu sein, bedeutet allein zu sein. Ich finde keinen Gefallen an dem, was üblich ist. Also bin ich allein.«

Als junge Erbin aus einer vermögenden Mailänder Textilunternehmerfamilie war Luisa Amman, so ihr Geburtsname, eine der besten Partien ganz Italiens. 1900 heiratete sie den Marchese Camillo Casati Stampa di Soncino; das unspektakuläre Leben an dessen Seite langweilte sie allerdings schnell. Interesse entwickelte die frischgebackene Marchesa in erster Linie für temporeiche Ausflüge per Pferd und Automobil, für alles Mystische – und für den Schriftsteller Gabriele D'Annunzio, mit dem sie bald eine leidenschaftliche Affäre begann. D'Annunzios Unkonventionalität, Zielsicherheit und Courage faszinierten sie, er lieferte Inspirationen und weckte ihr Genie. »Da es ihr jedoch bedauerlicherweise an einem Talent für eine bestimmte Kunstrichtung mangelte«, schreibt die Autorin und Kunsthistorikerin Claudia Lanfranconi, »stilisierte sie sich selbst zum Kunstwerk.« Zu den Markenzeichen dieser Selbstinszenierung gehörten neben schwarz umrandeten Augen, rot gefärbten Haaren und edelsteinbesetzten Kleidern vor allem die exotischen Tiere, mit denen Luisa Casati sich fortan schmückte. Auf den Festen und Soireen, die sie in ihren Palazzi in Rom und in Venedig am Canal Grande gab, empfing sie ihre Gäste oft mit Schlangen behangen und Raubkatzen an ihrer Seite. Als sie 1920

Die Marchesa Luisa Casati als »Königin der Nacht«, in dem
von Léon Bakst entworfenen Kostüm aus dem Jahr 1922. Sie trug das mit
Diamanten bestickte Kostüm auf dem Maskenball des Kulturmäzens
Comte Étienne de Beaumont.

ihren Wohnsitz nach Capri verlegte, staunten die Capresen unter anderem über einen Leoparden, den die Marchesa an der Leine führte, während sie samt ihren Bediensteten dort Einzug hielt – einer der »zahllosen grandiosen Schocks«, von denen die Zeitgenossin Lady Diana Cooper einmal schrieb und mit denen die Marchesa ihre Mitmenschen in Atem hielt.

Grandios geschockt hat Luisa Casati zu jener Zeit unter anderem die Künstlerin Romaine Brooks, der sie auf Capri für ein Porträt Modell stand. Während der Entstehung des Gemäldes geriet die Amerikanerin mehrfach an den Rand ihrer Nervenkraft, da die Marchesa sowohl für das Kunstwerk als auch für dessen Schöpferin eine Obsession entwickelte; sie vereinnahmte Romaine Brooks vollkommen: »Ich bin erschöpft, verliere Gewicht, die Haare gehen mir aus, ich habe Angst, ich brauche Ruhe«, schrieb Brooks an ihre Lebensgefährtin, die Schriftstellerin Natalie Clifford Barney, nach London. Ihr Bild zeigt Luisa Casati als mystisch-androgynes, fledermaushaftes Wesen und steht damit in auffälligem Kontrast zu einem Porträt des spanischen Malers Federico Beltrán y Masses, das im gleichen Jahr entstand und die Marchesa sehr viel irdischer – sehr viel moderner – in Szene setzt: in betont lässiger Pose als verführerische High-Society-Lady im schwarzen Spitzenschal. Beltrán y Masses war einer der ersten Künstler, der die Fin-de-Siècle-Aura, die Luisa Casati stets versprühte, in die Ästhetik der Zwanzigerjahre zu transportieren versuchte. Neben ihm und Kees van Dongen tat sich hierbei speziell Man Ray hervor, der bald nach Luisa Casatis Umzug nach Paris im Jahr 1922 eine Serie surrealistischer Fotos von ihr schoss, darunter das aufsehenerregende Porträt, das sie mit drei Augenpaaren zeigt – ein Effekt, den Man Ray mittels Mehrfachbelichtung erzielte. Die Aufnahme verhalf dem frisch in Frankreich niedergelassenen Amerikaner zum Durchbruch: »Das Bild der Marquise machte in Paris die Runde; es kamen immer mehr Kunden – Angehörige der exklusiveren Kreise, und alle erwarteten Wunder von mir«, schrieb Man Ray rückblickend. Einen Durchbruch erhoffte sich auch die aufstrebende

Elsa Schiaparelli, die in der Nähe des Hôtel du Rhin, wo Luisa Casati zunächst logierte, eine Salonboutique betrieb. Um die Marchesa als Kundin zu werben, schickte die Designerin eine ihrer Angestellten ins Hôtel du Rhin – mit einem Geschenk, das die Marchesa, wie Elsa Schiaparelli später in ihrer Autobiografie *Shocking Life* berichtete, unbeeindruckt »unter einer Decke aus Straußenfedern« empfing, »während sie ein Frühstück aus gebratenem Fisch und Pernod zu sich nahm und einen Schal aus Zeitungspapier anprobierte«.

> *»Sie besaß von allen Frauen,*
> *die ich getroffen habe, sicherlich die*
> *eigenwilligste Extravaganz.«*
> ERTÉ

Aus einer Geschäftsverbindung der beiden Italienerinnen wurde nichts, die Funktionalität der frühen Kreationen Elsa Schiaparellis passte einfach nicht zur opulenten Garderobe der Marchesa. Dennoch mehrten sich die Anzeichen dafür, dass Luisa Casati im Paris der Zwanzigerjahre – obschon gefeierte Ikone – immer mehr zur exotischen Außenseiterin wurde. Nachdem sie ins vor den Toren der Stadt gelegene Palais Rose gezogen war, hatte ihr Privatzoo sich mittlerweile reduziert: Zwei bengalische Tiger, mit denen sie den Gästen einer ihrer Soireen imponierte, waren entliehen und ihr Lieblingsraubtier, ein schwarzer Panther namens Toto, nur noch ausgestopft und elektromechanisch präpariert. Auch ihre Auftritte auf den Maskenbällen des Kulturmäzens Comte Étienne de Beaumont – gesellschaftliche Großereignisse, die selbst für das quirlige Paris einzigartig waren – erzielten nicht mehr die gewünschte Wirkung. Das Bestreben, an ihren großen Erfolg von 1922 anzuknüpfen, als sie zum Bal Venetien in einem vom Bühnenbildner Léon Bakst entworfenen Diamantenkostüm als »Königin der Nacht« erschienen war, scheiterte. Beim Versuch, eine rundum mit Glühbirnen besetzte Verkleidung unter Strom zu setzen, gab es, so der Fotograf Cecil Beaton, »an Stelle des Glanzes von tausend

Porträt der Marchesa Luisa Casati mit Windhunden
von Giovanni Boldini, 1908, Privatsammlung.

funkelnden Sternen [...] einen Kurzschluss, und die Marchesa erlitt einen elektrischen Schlag« – eine Katastrophe, die sich im Jahr darauf während eines von Pablo Picasso inszenierten Beaumont-Balls noch einmal wiederholte, den sie, als Reminiszenz an den Künstler eingehüllt in ein kubistisches Geflecht aus Drähten und Lampen, besuchte.

Paris war selbst für die Marchesa auf Dauer eine teure Stadt. Das Leben und die Soireen im Palais Rose, die üppigen gesellschaftlichen Auftritte und die ausgiebigen Shoppingtouren in ihrem schwarzen Rolls-Royce ließen ihr umfängliches Vermögen Stück für Stück schrumpfen. Um einen Bankrott abzuwenden, veräußerte Luisa Casati ihre Domizile in Rom und Mailand, was ihr zunächst die Möglichkeit verschaffte, weiterhin mit vollen Händen Geld auszugeben – und im Juni 1927 ein besonders prachtvolles, dem italienischen Okkultisten Alessandro Cagliostro gewidmetes Kostümfest zu veranstalten. Da es erst zu nächtlicher Stunde beginnen sollte, wurden eigens für die Gäste zur Orientierung lichtreflektierende Schilder angefertigt und über mehrere Kilometer bis hin zum Palais aufgestellt. Der Ball wurde das größte und teuerste Fest, das Luisa Casati in ihrer gesamten Pariser Zeit gab; und auch das letzte dieser Größenordnung. Ihre Verbindlichkeiten wuchsen weiter, und um sie begleichen zu können, verkaufte sie schließlich Teile des Palastinventars weit unter Wert. Kleinere Gläubiger wie Lebensmittellieferanten und Taxifahrer bezahlte sie mit hochkarätigem Schmuck. 1932 war die Marchesa überschuldet, ihre restliche Habe wurde zwangsversteigert, und sie zog in eine kleine Wohnung am Quai de Bourbon – es war der unspektakuläre Ausklang ihrer Karriere als unzeitgemäße Diva, die Paris über ein Jahrzehnt einen höchst individuellen Glanz verlieh. »Ihre ausgestopften Boas, Bronzegazellen, mechanischen Tiger und Fabeltierhörner«, schrieb Jean Cocteau in seinen Memoiren, »sind mir lieber als jene vornehme Extravaganz der Mode, jener gute Geschmack, der den schlechten Geschmack von gestern an den Pranger stellt und nichts weiß von Rätselhaftigkeit oder Bedeutsamkeit.«

ELSA SCHIAPARELLI

~~ 1890 – 1973 ~~

»VIELE LEUTE HABEN GESAGT UND GESCHRIEBEN,
DASS ICH MEINE KARRIERE STRICKEND
AN EINEM FENSTER AM MONTMARTRE BEGANN.
IN WIRKLICHKEIT KANNTE ICH MONTMARTRE KAUM UND
STRICKEN KONNTE ICH AUCH NICHT.«

ELSA SCHIAPARELLI

Als Elsa Schiaparelli Mitte der Dreißigerjahre an der Pariser Place Vendôme gegenüber dem Ritz ihren prächtigsten Modesalon eröffnete, geschmückt mit den Werken Alberto Giacomettis, waren alle, die zuvor die Marktfähigkeit ihrer extravaganten Schöpfungen infrage gestellt hatten, endgültig eines Besseren belehrt. Bereits 1927 – gut ein Jahrzehnt vor dem Entwurf ihrer berühmten auf Motive Dalís und Cocteaus zurückgreifenden Kollektionen – hatte die italienische Couturière das modewirksame Potenzial surrealistischer Kunst erkannt und es als Erste ihrer Zunft für ihre Kreationen eingesetzt: Ohne Berührungsängste ging sie, damals noch in ihrem Studio in der Rue de la Paix, eine Geschäftsverbindung mit der avantgardistischen Schmuckdesignerin und Schriftstellerin Elsa Triolet ein, entzückt von deren eigenwilligen »Colliers de Paris«. In allen namhaften Modegeschäften war Triolet mit ihrem Schmuck

Elsa Schiaparelli, Fotografie von Dora Kallmus, 1920.

– darunter die legendäre Halskette aus Aspirin-Tabletten, die einer der Kassenschlager Elsa Schiaparellis werden sollte – zuvor abgeblitzt. »Ich ärgerte mich darüber«, erinnerte Triolet sich, »dass die anderen Häuser, die die erfolgreiche und innovative Konkurrentin Schiaparelli ohne Ausnahme verabscheuten, mich nicht in Ruhe ließen: ›Das können Sie zu Schiaparelli bringen, das ist ihr Stil, elegante Frauen tragen solche Sachen nicht ... Bei uns kleiden sich nur Damen von Welt ein ... Das ist amerikanischer Schick im Stil von Schiaparelli, ... arbeiten Sie lieber für sie ...‹. So wies man mich in den großen Häusern zurecht oder setzte mich vor die Tür.« Elsa Schiaparelli wird dies im Endeffekt nur recht gewesen sein, sicherte die unter den Etablierten der Haute Couture verbreitete Ignoranz der Newcomerin doch eine vorteilhafte Exklusivität. »Bitte seien Sie demnächst so nett, die Modelle, die Sie mir bringen, niemandem vorher zu zeigen«, wies sie Triolet an und bat sie, zukünftig den Hintereingang zu benutzen; es sollte sich möglichst nicht herumsprechen, dass der aparte Halsschmuck keine Eigenkreation des Hauses Schiaparelli war.

Ihr feines Gespür für Innovationen basierte auf einem ausgeprägten Sinn für Schönheit und der Freude an ausgefallenen Ideen, der sich bei der in Rom geborenen, aus großbürgerlich-intellektueller Familie stammenden Elsa Schiaparelli schon früh abzeichnete: Als Mädchen steckte sie sich, wie sie in der Autobiografie *Shocking Life* schrieb, Blumensamen in Ohren, Rachen und Nase, im festen Glauben daran, auf diese Weise einmalig schön zu werden; das Eingreifen eines Arztes konnte Schlimmeres verhindern. Im Alter von fünfzehn »schockte« sie ihre Eltern erneut – mit der Veröffentlichung erotischer Gedichte. Als junge Erwachsene ging sie, vornehmlich um den Avancen eines aufdringlichen Verehrers zu entgehen, nach London, wo sie zunächst eine Stelle als Kindermädchen antrat. 1916 zog sie mit dem Theosophen Wilhelm de Wendt de Kerlor, den sie zwei Jahre zuvor geheiratet hatte, nach Greenwich Village, ins Bohemeviertel New Yorks, wo sich de Kerlor bessere Arbeits- und Lebensbedingungen erhoffte und sie unter anderem mit dem

Skimode für eine kleine Elite
von der Designerin Elsa Schiaparelli, 1929.

Künstlerehepaar Gabrielle und Francis Picabia, Marcel Duchamp und Man Ray verkehrten. Der polnische Lebemann entpuppte sich allerdings als ›armer Verschwender‹ und die Ehe hielt nur so lange, bis Elsa Schiaparellis Mitgift aufgebraucht war; kurz nach der Geburt der gemeinsamen Tochter Gogo im Jahr 1920 verließ de Kerlor sie. »Kaum jemand«, erinnerte sie sich, »wurde so tief in seinen Gefühlen oder so grausam in seinem Stolz verletzt.«

1922 entschied sich Elsa Schiaparelli, in Paris noch einmal von vorne anzufangen. Mit Gogo wohnte sie zunächst bei Gabrielle Picabia, die ebenfalls übergesiedelt war und sie bei ihrem Neubeginn unterstützte; die Kosten für die Transatlantikfahrt der jungen Mutter hatte eine wohlhabende New Yorker Freundin übernommen. In der Seine-Metropole entwarf Elsa Schiaparelli erste Kleider, zunächst für Gabrielle Picabia, und hielt sich eine Zeit lang als Stadtführerin für amerikanische Touristen über Wasser. Während eines Salonfestes im Faubourg Saint-Honoré lernte sie Paul Poiret, den Gastgeber der Veranstaltung, kennen – eine Schlüsselbegegnung für Elsa Schiaparelli: Der Grandseigneur der Haute Couture animierte sie dazu, ihrer Kreativität in der Pariser Modeszene freien Lauf zu lassen und sich als Gestalterin zu versuchen. Bald darauf verkaufte die zielbewusste Autodidaktin ihre Entwürfe – vornehmlich für Strickwaren – an einige Modehäuser und wurde 1925 als Designerin im renommierten Maison Lambal angestellt. Bereits mit ihrer ersten eigenen Kollektion, die sie in ihrer Wohnung in der Rue de l'Université entwickelt hatte, landete sie Anfang 1927 in der *Vogue*: Die Fotos dreier Pullover, deren Muster vom Bauhaus inspiriert waren, fanden sich dort schlicht mit »Schiaparelli« betitelt; aufgenommen hatte sie George Hoyningen-Huene, der prominenteste Fotograf der *Vogue* – ein erster, beachtlicher Erfolg, jedoch nicht zu vergleichen mit jenem, der ihrer nächsten Kollektion beschieden sein sollte.

In einem schwarzen Pullover mit eingestrickter weißer Schleife, einem Modell, das erst kurz darauf öffentlich vorgestellt werden sollte, beeindruckte sie 1927 beim »smarten Lunch« zunächst einige

Größen aus der Modebranche und revolutionierte anschießend damit die Mode der Zwanzigerjahre. Der Sweater mit dem surrealistischen Trompe-l'œil-Motiv wurde, wie die gesamte Kollektion, aus der er stammte, ein beispielloser Erfolg: »Alle Frauen wollten einen«, beschrieb sie die Szenerie, »und zwar sofort.« Sowohl die amerikanische als auch die französische *Vogue* bescheinigten ihr, ein »künstlerisches Meisterwerk« geschaffen zu haben. Die Nähe zu Künstlerkreisen hatte Elsa Schiaparelli schon zu ihrer New Yorker Zeit gesucht, in Paris intensivierte sich nun ihr Kontakt zur surrealistischen Avantgarde. Neben Man Ray, Cocteau, Dalí, Louis Aragon und Elsa Triolet zählte auch Nancy Cunard zu ihren Bekannten – sie erwarb als eine der Ersten den sensationellen Schleifenpulli.

»Sie ohrfeigte Paris. Sie quälte es.
Sie verhexte es. Und Paris verliebte sich
wahnsinnig in sie.«
YVES SAINT LAURENT

»Die Künstlerin, die Mode macht«, wie ihre Konkurrentin Coco Chanel sie etwas abschätzig nannte, hatte in Paris ihren Durchbruch geschafft: Ein amerikanischer Geschäftsmann orderte gleich 40 Exemplare des handgemachten Pullovers samt dazu passenden Röcken aus Krepp, woraufhin Elsa Schiaparelli eine ganze Reihe Strickerinnen und Näherinnen einstellte, um den Auftrag fristgerecht erfüllen zu können. Das war erst der Anfang: Noch Ende 1927 bezog sie in der Rue de la Paix ein großzügiges Atelier, in dem sie bald Modelle für Stars wie Greta Garbo, Jane Crawford und Katharine Hepburn entwerfen sollte. »Pour le Sport« stand an der Eingangstür ihres Salons – bei aller Originalität und Extravaganz war die Bequemlichkeit moderner Kleidung für Elsa Schiaparelli ein entscheidender Faktor. In den folgenden Jahren entwickelte sie Ski-, Tennis- und Badebekleidung für Frauen, die körperbetont war und gleichzeitig Bewegungsfreiheit gewährte. Gleiches galt für ihre Abendmodekollektionen – beispielsweise

PARIS OPENINGS · AUTUMN SHOPPING

PRICE 35 CENTS

Schiaparelli-Mode in der *Vogue*, um 1930.

für das legendäre schwarze Kleid aus Satin ciré, in dem das Model Bettina Jones für Hoyningen-Huene posierte: Der Schnitt eines Kleides hatte sich *immer* am Körper der Frau zu orientieren und nicht umgekehrt – dieser Grundsatz machte ihre Kreationen ungemein populär: 1930, nur drei Jahre nach dem großen Wurf, der ihr mit dem Schleifenpullover gelungen war, beschäftigte Elsa Schiaparelli in der Rue de la Paix 400 Mitarbeiter. Ihre Erfolgsformel war dabei letztlich ganz einfach: »Ich informierte mich über die Bedürfnisse der Frauen, die Vertrauen in mich setzten, und versuchte, ihnen zu helfen, ihren Typ zu finden.«

LEE MILLER

~ 1907 – 1977 ~

»NUR STATUEN REICHTEN AN DIE SCHÖNHEIT
IHRER GESCHWUNGENEN LIPPEN, IHRER LANGEN,
TRÄGEN, BLASSEN AUGEN UND IHRES
SÄULENHALSES HERAN.«

CECIL BEATON

Die erste Begegnung Lee Millers im Sommer 1929 mit Man Ray, dem Starfotografen der Pariser Kunstszene, ist legendär und sollte wegweisend für die surrealistische Bewegung werden: Lee Miller, Anfang zwanzig und als Model so erfolgreich wie begehrt, war mit Referenzen des prominenten New Yorker Fotografen Edward Steichen und des *Vogue*-Verlegers Condé Nast ausgestattet, als sie unangekündigt vor Man Rays Pariser Studioappartement am Montparnasse stand. Von seiner Concierge erfuhr sie, er sei auf dem Weg in den Süden, woraufhin sie sich betrübt in sein Stammlokal, das Bateau Ivre am Place de l'Odéon, begab. Wein trinkend und mit dem russischen Barbesitzer plauschend, sah sie schließlich Man Ray, wie aus dem Nichts auftauchend, die schmale Wendeltreppe ins obere Stockwerk emporkommen: »Er sah aus wie ein Bulle«, berichtete sie später, »mit einem enormen Oberkörper und sehr dunklen Augenbrauen und dunklem Haar. Ich sagte ihm keck, ich sei seine neue Schülerin. Er sagte, er nehme keine Schüler und fahre ohnehin in die Ferien. Ich sagte, ich weiß, ich komme mit Ihnen – und das tat ich.« Drei Jahre hielt Lee Millers Beziehung zum

Lee Miller in einem Abendkleid von Lanvin,
Foto von George Hoyningen-Huene, 1932.

siebzehn Jahre älteren Man Ray, privat wie beruflich, und sie markiert den Wendepunkt in ihrer Karriere vom Model zur Fotografin. Als Model war Lee Miller bereits ein Star, sie beeindruckte die New Yorker Modefotografen durch ihre unnahbare Ausstrahlung und ihr Talent, sich vor der Kamera weltentrückt, fast wie in Trance zu geben. Doch am Beginn ihrer Karriere stand auch eine glückliche Fügung. 1926, eingeschrieben an der New Yorker Arts Students League, bezog das damals neunzehnjährige Mädchen aus Poughkeepsie ein eigenes Appartement in einem Brownstone-Haus nahe der Fifth Avenue und stürzte sich in das bunte Treiben der Ostküstenmetropole – und zwar kopfüber: Beim Versuch, die viel befahrene Straße zu überqueren, wäre Lee Miller beinahe von einem Auto erfasst worden, und derjenige, der sie schließlich auf den Bürgersteig zurückzog, war zufällig der Verleger der *Vogue*: Condé Nast. Nast war schlichtweg fasziniert von der charismatischen Schönheit, die ihm dort so unvermittelt in die Arme fiel und die den »klassischen Chic«, den seine Magazine auszeichneten, in Perfektion repräsentierte. So landete Lee Miller nur kurze Zeit später, am 15. März 1927, erstmals auf dem Cover der *Vogue* – gezeichnet von Georges Lepape, dem populärsten Modeillustrator jener Zeit.

Dem Durchbruch als *Vogue*-Covergirl folgten spektakuläre Aufnahmen von Arnold Genthe, dessen frühe Greta-Garbo-Fotos bereits großes Aufsehen erregt hatten, und von Nasts Cheffotografen Edward Steichen, der Lee Miller zu seinem Lieblingsmodel kürte und sie häufig im 30-Zimmer-Penthouse des *Vogue*-Verlegers in der Park Avenue fotografierte. Mae und Hattie Green, Lucien Lelong, Caroline Reboux, Coco Chanel – sie trug die Kleider nahezu aller bekannter Modehersteller und war aus der *Vogue* nun ebenso wenig wegzudenken wie von den zahlreichen Upper-Class-Partys in Nasts Refugium, wo sich so namhafte Gäste wie Dorothy Parker, Josephine Baker, Diana Vreeland, Charles Chaplin, Fred Astaire und George Gershwin vergnügten. Doch nur schön auszusehen und sich auf den Festen der Hautevolee zu tummeln reichte Lee Miller auf Dauer nicht. Namentlich Edward Steichen hatte ihr während gemeinsamer Modeaufnahmen immer wieder Einblicke in die Arbeit *hinter* der Kamera verschafft und sie damit auf die Idee gebracht, früher oder später die Perspektive zu wechseln. Steichen war es auch, durch den sie das Werk Man Rays entdeckte, der bereits 1921 von New York nach Paris gezogen war. Und der Skandal um eine Werbekampagne des Damenbindenherstellers Kotex, welcher ohne Wissen Lee Millers ein Foto von ihr verwendete und sie damit gesellschaftlich diskreditierte, dürfte ihren Entschluss, 1929 New York zu verlassen, zusätzlich befördert haben.

»Ich habe den Eindruck, dass Frauen größere Erfolgschancen in der Fotografie haben als Männer. Und ich glaube, sie haben eine Intuition, mit der sie Persönlichkeiten schneller erfassen als Männer.«
LEE MILLER

Mit dem Boheme- und Nachtleben des Montparnasse und des Montmartre war Lee Miller bereits bestens vertraut. Schon als Achtzehnjährige – vier Jahre vor ihrer Übersiedelung nach Frankreich und der folgenreichen Begegnung mit Man Ray – konnte sie ihre Eltern zu einem ersten, halbjährigen Bildungsaufenthalt in Paris überreden, den sie 1925 allein in Begleitung zweier überforderter Gouvernanten antrat. Diese hatten zunächst versehentlich ein Stundenhotel gebucht und, so Lee Miller rückblickend, »es dauerte fünf Tage, bis meine Anstandsdamen das begriffen, ich aber fand es göttlich. Ich hing entweder am Fenster und beobachtete die Kunden oder wie oft die Schuhe im Korridor wechselten.« Schon damals besuchte sie Vorlesungen über Kostümdesign und verdingte sich nebenbei als Fremdenführerin für amerikanische Touristen, die das Leben der Pariser Boheme erkunden wollten. Nach ihrer zweiten Ankunft an der Seine war dies freilich nicht mehr notwendig, Lee Miller stellte sich als professionelles Model sowohl bei Man Ray als auch bei der französischen *Vogue* vor. Deren Cheffotograf, George Hoyningen-Huen, war begeistert und brachte gleich drei

Modofotografie von Edward Steichen für die *Vogue*, 1928: Lee Miller (zweite von rechts) im weißen Flanellmantel über einem zweiteiligen Kleid aus Crêpe de Chine mit dunklem Oberteil und weißem Faltenrock von Mae und Hattie Green, dazu ein Schal von Chanel und ein weißer Filzglockenhut.

Fotos von ihr in die Oktober-Ausgabe 1929. Gerade die Aufnahmen Lee Millers in den Abendkleidern Lanvins, die der Franzose anfertigte, gehören zu den charakteristischsten jener Zeit und prägen ihr Bild als Ikone der Modefotografie bis heute. Dabei waren auch die »Modesessions bei Hoyningen-Huene«, so Lee Millers Sohn Antony Penrose, »eher privilegierte Unterrichtsstunden, die es Lee erlaubten, die Arbeit auf beiden Seiten der Kamera zu erleben«.

Hoyningen-Huene war ein Genie der Lichtführung im Studio, und sie bekam wertvolle Einblicke in seine Technik. Was aber die Kunst der Porträtaufnahme betraf, war Lee Millers wichtigster Mentor Man Ray, der wiederum von ihrer erotischen Präsenz und Souveränität vor der Kamera so fasziniert war, dass sich die berufliche Beziehung für *beide* sehr fruchtbar gestaltete. Viele der Bilder, die Man Ray von Lee Miller anfertigte, gelten heute als Meilensteine der surrealistischen Fotografie; diverse Aktfotos eingeschlossen, denen Lee Miller schließlich den – von der damaligen Regenbogenpresse lancierten – Ruf verdankte, »den schönsten Nabel in Paris« zu besitzen. Beide zusammen entwickelten das Verfahren der »Solarisation«, eine besondere Form der Doppelbelichtung, durch die das Motiv dunkel konturiert erscheint – wie von einer rätselhaft anmutende Corona umschlossen, eine Technik, die Lee Miller später perfektionierte und mit der sie unter anderem die Schauspielerin Lilian Harvey in Szene setzte.

Lee Miller lernte schnell. »Inzwischen hatte ich einige Erfahrung gesammelt, hatte Verträge erfüllt ... Er [Man Ray] hatte mir beigebracht, wie man Mode, wie man Porträts fotografiert, er hatte mir alle Techniken beigebracht, die er verwendet hat.« Künstlerisch hatte sie sich bald emanzipiert, nicht allein ihre Fotografie betreffend: Ein zweiseitiger *Vogue*-Artikel kündigte sie Ende 1930 als Hauptdarstellerin des Films *Das Blut eines Dichters* von Jean Cocteau an, dem großen Rivalen Man Rays. Wirtschaftlich strebte sie schnell nach Unabhängigkeit und bezog am Montparnasse ein eigenes Studio, in dem sie unter anderem für Elsa Schiaparelli, Jean Patou und Coco Chanel fotografierte. Und ihr Recht auf Freiheit forderte Lee Miller schließlich auch privat ein. Sie nahm sich 1932 den reichen Kairoer Geschäftsmann Aziz Eloui Bey zum Liebhaber, dessen Frau Nimet Eloui ihr Modell gestanden hatte. Der zunehmend eifersüchtige Man Ray soll sich daraufhin einen Revolver verschafft und Lee Miller unter Drohungen aufgefordert haben, ihn zu heiraten; im Oktober 1932 ging sie nach New York zurück, und Man Ray malte wie besessen an dem Bild *A l'heure de l'observatoire – les amoureux*, das die Lippen Lee Millers am Himmel über Paris schwebend darstellt.

Als ein Zeitungsreporter Lee Miller bei ihrer Ankunft »eines der am häufigsten fotografierten Mädchen Manhattans« nannte, wies sie ihn mit den Worten zurecht: »I would rather take a picture than be one.« Nahe der Radio City Music Hall mietete sie ein Studio, das dank ihrer Popularität und des guten Drahts zu Condé Nast auch in der Weltwirtschaftskrise gut lief – bis sie es 1934 überraschend schloss und Aziz Eloui Bey heiratete, der nach eigener Aussage »Ruhe in ihr Leben bringen« wollte. Das gelang ihm allerdings nur vorübergehend, immerhin hielt die Beziehung ein paar Jahre, und die Aufnahmen, die während ihrer Zeit in Ägypten entstanden, sind heute viel beachtete Zeugnisse der surrealistischen Fotografie. 1937 zog es Lee Miller wieder nach Paris, wo sie auf einer Party bei Max Ernst ihren späteren zweiten Ehemann, den Maler Roland Penrose, kennenlernte. Mit Penrose und dessen Freundeskreis um Dora Maar und Picasso, Paul und Nusch Éluard, Max Ernst und Leonora Carrington bestritt sie die eine oder andere Landpartie, auf der es, wie die Fotos aus jener Phase belegen, gelegentlich sehr freizügig zuging. Auch Man Ray war wieder mit dabei, in Begleitung der Tänzerin Adrienne Fidelin – eine unbeschwerte, leichtherzige Zeit, der schließlich der Kriegsausbruch 1939 ein jähes Ende bereitete. Im Zweiten Weltkrieg begann für Lee Miller eine neue »Karriere«: als brillante, aufklärende Kriegsreporterin und Fotojournalistin für die *Vogue*. Hier sollte sich erneut bewahrheiten, was die Presse bereits Jahre zuvor über sie berichtet hatte: Lee Miller, schrieb *Vanity Fair* 1934, sei die »herausragende lebende Fotografin« jener Zeit.

FOTOGRAFIE
UND
FILM

ie spitze Bemerkung, die Lee Miller den New Yorker Zeitungsjournalisten 1932, bei ihrer Rückkehr aus Paris, in die Blöcke diktierte – lieber fotografiere sie selbst, als fotografiert zu werden –, war nicht nur schlagfertig; sie besaß auch programmatischen Charakter: Das »fotogene Mädchen aus Manhattan«, wie die Reporter sie bezeichneten, wollte öffentlich als Künstlerin wahrgenommen werden, seit ihm in Paris der Aufstieg zur bedeutenden Fotografin gelungen war. Lee Miller hatte sich an der Seine in guter Gesellschaft befunden: Bereits 1921 war die Amerikanerin Berenice Abbott in die französische Hauptstadt gekommen und schlug mit ihrer Kamera höchst experimentelle Wege ein; aus Berlin siedelte Marianne Breslauer über und aus Amsterdam Germaine Krull, die an der Münchner Lehr- und Versuchsanstalt für Photographie ausgebildet worden war und Ateliers in München und Berlin betrieben hatte. Als Medium der Avantgarde war die Fotografie damals brandneu und verkörperte in den Zwanzigerjahren gerade für kreative Frauen ein beliebtes Mittel künstlerischer und beruflicher Selbstverwirklichung. Dabei bot ihnen das atmosphärische, lebendige Paris neben idealen Motiven auch ein ausgezeichnetes Netzwerk: Die arrivierte Porträtfotografin Florence Henri, die in ihrem Studio in der Rue de Varenne regelmäßig Schülerinnen empfing, förderte junge weibliche Talente ebenso wie Man Ray als Kopf der surrealistischen Fotokunst, der mit Abbott und Miller in seinem Atelier am Montparnasse zusammenarbeitete und Breslauer und Krull Teile seines Equipments zur Verfügung stellte.

Als besonders lukrativ erwies sich für die Fotografinnen die Darstellung von Zeitgeist und Mode: »Die in den ›Goldenen Zwanzigern‹ kreierte Neue Frau und das Neue [fotografische] Sehen passten perfekt zusammen«, schreibt die Kunsthistorikerin Karoline Hille. Frauen mit Bubikopf oder Glockenhut, mit Zigarette zwischen den Fingern, im kleinen Schwarzen, beim Autofahren, Skilaufen oder Tennis bedurften zur Inszenierung ihres innovativen Erscheinungsbildes des neuen Mediums Fotografie; eines Mediums, mit dem Frauen, die es anwandten, laut Hille »auch noch Geld verdienen [konnten], sie waren mobil und unabhängig, kreativ und schöpferisch tätig«. – Und sie machten sich einen Namen: Germaine Krull arbeitete für die Modeschöpfer Jeanne Lanvin, Sonia Delaunay und Paul Poiret bald ebenso regelmäßig wie Lee Miller später für Chanel und Schiaparelli.

»Frauen ergreifen einen Beruf nicht, um es den Männern zu zeigen. Sie wollen einfach etwas für sich selbst machen.«

IMOGEN CUNNINGHAM

Während Lee Miller und Germaine Krull Mode und Kunst gleichermaßen am Herzen lagen und sie es in ihren Porträtaufnahmen immer wieder verstanden, beides wirkungsvoll miteinander zu kombinieren, bestechen die surrealistischen Fotografien Claude Cahuns durch eine ganz andere Ästhetik. Claude Cahun inszenierte ausschließlich sich selbst und spielte dabei radikal mit geschlechtlichen Identitäten. Man Ray zählte zu ihren Freunden und bewunderte ihre androgyne Selbstdarstellung und den facettenreichen Einsatz von Spiegeln, Lichtreflexen und Schatten; er war einer der wenigen, die ihre Porträts überhaupt zu sehen bekamen – abgesehen von einer Aufnahme hat Claude Cahun ihre Selbstbildnisse nie publiziert.

Die »hohe Kunst« der Porträtaufnahme entdeckten in den Zwanzigerjahren auch die Filmproduktionsgesellschaften. Die sogenannten ›Standfotografen‹, die etwa in Berlin für die Ufa oder in Hollywood für Paramount arbeiteten und die Stars inszenierten, unterstützten deren Außenwirkung maßgeblich. Die Filmdiven waren dabei ihr bevorzugtes Motiv: Bilder von Marlene Dietrich als Lola Lola im *Blauen Engel,* Greta Garbo als »Herrin der Liebe«, Louise Brooks als Lulu oder Clara Bow als »It-Girl« gingen um die Welt und trugen sowohl zur Popularität der Darstellerinnen als auch zur Verbreitung eines neuen, rebellischen und selbstbewussten Frauenbildes bei. Sie alle verkörperten den Flapper-Typus – erotisches Flair, verbunden mit lässiger Eleganz – mustergültig: in Magazinen, auf der Leinwand und im wirklichen Leben.

Wie viele andere Europäerinnen zog es »die Dietrich« und »die Garbo« nach Hollywood, wo ihnen neben höheren Gagen auch beträchtlicher Ruhm beschieden sein sollte. »Erst 1930, in Hollywood, [...] wurde ich wirklich zum Star«, erinnerte sich Marlene Dietrich. Doch es gab auch eine Gegenbewegung: »In Hollywood war ich ein hübsches flatterhaftes Ding [...]. In Berlin betrat ich den Bahnsteig [...] und wurde eine Schauspielerin«, meinte Louise Brooks, die – wie auch Anna May Wong – aus Amerika an die Spree kam und dort in künstlerischen, am Expressionismus orientierten Filmen brillierte. Sowohl für Louise Brooks als auch für Clara Bow, die in Hollywood blieb, bedeutete der Anbruch der Tonfilmära das Ende der Karriere. Ihre Kunst, das Publikum allein mit Gestik und – vor allem – Mimik zu fesseln, wurde obsolet. Rückblickend betrachtet, gilt speziell für sie beide, was Gloria Swanson über sich und ihre Filmgefährtinnen schrieb: »Wir brauchten keinen Dialog. Wir hatten Gesichter.«

Greta Garbo in dem Film *A Woman of Affairs*
(*Eine schamlose Frau* oder *Herrin der Liebe*), 1928.

CLAUDE CAHUN

∼ 1894 – 1954 ∼

»SIE SELBST WISSEN GANZ GENAU, DASS ICH SIE
FÜR EINEN DER (VIER ODER FÜNF) KURIOSESTEN KÖPFE
UNSERER ZEIT HALTE, UND DENNOCH HÜLLEN SIE SICH
NACH LUST UND LAUNE IN STILLSCHWEIGEN.«

ANDRÉ BRETON AN CLAUDE CAHUN

D as Erstaunen unter den Anwesenden muss nahezu greif-
bar gewesen sein an jenem Tag im April 2003, an dem in
Paris die Versteigerung des Atelierinventars von André
Breton stattfand: 28 000 Euro erzielte der Abzug einer Fotografie
mit dem Titel *Les Mains*, die Claude Cahun – »eine der großen
Unbekannten aus dem Umkreis der Surrealisten«, so der Journalist
und Philosoph Stefan Zweifel – in den Dreißigerjahren angefertigt
und Breton übereignet hatte. Das mochte auf den ersten Blick ein
stolzer Preis für das Bild einer Künstlerin sein, die zeit ihres Lebens
vorwiegend als Schriftstellerin und weniger als Fotografin in die
Öffentlichkeit getreten war. Spätestens seit jener denkwürdigen
Auktion in Paris ist gerade das fotografische Werk Claude Cahuns
in den Fokus eines kunstinteressierten Publikums gerückt.

Speziell die Aufnahmen aus den Zwanzigerjahren bestechen
durch ihre Radikalität. Sie sind höchst individuelle Zeugnisse des
facettenreichen Verständnisses von Freiheit zu jener Zeit – und
bemerkenswert vielseitig, obgleich es für die Fotografin bis 1930
letztlich nur ein einziges Motiv gegeben hat: sie selbst.

Claude Cahun, Selbstporträt,
Silbergelatineabzug, 1928.

Außenseiterin war Claude Cahun sowohl in der Kunst als auch im Leben. Bereits während ihrer Schulzeit in Nantes wurde die Tochter einer Verleger- und Intellektuellenfamilie von Mitschülern ihrer jüdischen Herkunft wegen drangsaliert. Ihr Vater schickte sie daraufhin für zwei Jahre an eine Schule in der englischen Grafschaft Surrey, wo sich ihr Interesse an Literatur, speziell an den Werken Oscar Wildes, ausprägte. 1914 begann sie, an der Sorbonne Philologie zu studieren und erste Texte zu veröffentlichen, sechs Jahre später ließ sie sich mit ihrer Lebensgefährtin, der Grafikerin Suzanne Malherbe, am Montparnasse nieder – Malherbe war zugleich ihre Stiefschwester, der Vater Claude Cahuns hatte, nachdem ihre Mutter dauerhaft in eine Nervenklinik eingewiesen worden war, erneut geheiratet. In einer Wohnung in der Rue Notre-Dame des Champs initiierte das Paar einen Künstler- und Literatentreff, der – wie der Salon von Gertrude Stein und Alice Toklas – beliebter Versammlungsort der Pariser Bohemiens und Intellektuellen wurde: Die Buchhändlerinnen und Verlegerinnen Adrienne Monnier und Sylvia Beach zählten ebenso zu den Gästen wie die Schriftsteller Henri Michaux und Philippe Soupault, einer der Herausgeber des populären Surrealisten-Organs *Littérature*.

Seit dem Umzug nach Montparnasse trat die gebürtige Lucy Schwob allein unter ihrem Alias Claude Cahun in Erscheinung. Das Pseudonym sollte Geschlechtsneutralität vermitteln und war zugleich eine Hommage an Claudes Großonkel, den Schriftsteller Léon Cahun. In der literarischen und lesbischen Szene von Paris machte Claude Cahun sich rasch einen Namen: Sie veröffentlichte Beiträge in avantgardistischen Zeitschriften, in denen sie für die Freiheit der sexuellen Orientierung warb, und die Novellensammlung *Heroines* – eine feministische Deutung legendärer Frauengestalten wie Salome, Sappho und Gretchen aus Goethes *Faust*. »Meine Ansicht über die Homosexualität und die Homosexuellen«, eröffnete Claude Cahun 1925 den Lesern des Journals *L'Amitié*, »ist genau die gleiche wie meine Meinung über Heterosexualität und die Heterosexuellen: Alles hängt vom Individuum und den

Umständen ab. Ich trete für die allgemeine Freiheit der Sitten ein.« Neben publizistischen Texten wurden auch die parallel entstandenen Fotografien zu Indikatoren ihres liberalen Denkens – und zu originären Entwürfen von geschlechtlichen Identitäten: Claude Cahun schnitt sich die Haare kurz und posierte im Matrosenoutfit, im Konfirmandenanzug, als Buddha im Lotussitz oder Kirmesgewichtheber mit Kussmund. »Unter dieser Maske ist eine andere Maske. Ich werde niemals aufhören, alle diese Gesichter abzuziehen«, beschrieb sie ihr Konzept der künstlerischen Selbstverwandlung. Für eine 1928 entstandene Porträtserie, deren Bilder die Fotografin ironisch »Meine Monstrositäten« taufte, rasierte sie sich – als ultimatives Mittel ihrer androgynen Inszenierung – sogar eine Glatze.

Ein einziges Foto – eine der »Monstrositäten« – hat Claude Cahun in den Zwanzigerjahren publiziert: 1929 in der Zeitschrift *Bifur* unter dem Titel *Frontière Humaine*. Darüber hinaus wurden die Selbstporträts ausschließlich im kleineren Rahmen präsentiert;

Dieses Selbstporträt, um 1930, ist Teil einer Serie.
Es zeigt eine Frau im Sand, neben ihr liegt eine schwarze Schnur,
aus der sie sich befreit zu haben scheint.

öffentlich in Pariser Buchhandlungen und privat vor Freunden und Bekannten in ihrem Salon. Über den Charakter ihrer Bilder als Kunstwerke hat sich Claude Cahun, wenn überhaupt, nur sehr zurückhaltend geäußert. »Es bleiben uns«, schrieb sie 1952 an ihren Freund Charles-Henri Barbier, »[…] recht schöne Fotos. Schön? Wenn ich der Bewunderung verschiedenster Menschen trauen

Claude Cahun, Selbstporträt. In ihren Bildern zeigt sich immer auch das Streben nach einem androgynen Ideal und der Überwindung der Geschlechtertrennung, um 1928.

darf … Unbekannter, die sie in Buchhandlungen betrachtet haben
… und auf die Einschätzung einiger, die sie bei uns gesehen haben.
Ihr Spektrum reicht von denjenigen, die keinerlei Sinn für Ästhetik
haben, bis zu Kennern wie zum Beispiel Man Ray.«

Was die Inszenierung eines befreiten Frauentyps betraf, war
Claude Cahun zweifellos eine der Couragiertesten unter den Fotografinnen ihrer Zeit. In den Dreißigerjahren dehnte sich ihr gesellschaftliches Engagement auf andere Betätigungsfelder aus: Ab 1932
unterstützte sie – ohne offiziell Mitglied zu werden – die linke,
pazifistische Association des Écrivains et Artistes Révolutionnaires
um Breton und Max Ernst, der unter anderem auch die Designerin
Charlotte Perriand angehörte. 1935 war sie Gründungsmitglied der
antifaschistischen Künstlergruppierung Contre-Attaque und trat
mit surrealistischen Objektfotografien öffentlich in Erscheinung;
Selbstporträts entstanden nur noch vereinzelt. Ab 1940 ließ Claude
Cahun dem künstlerischen Aktivismus Taten folgen und organisierte mit Suzanne Malherbe auf der Kanalinsel Jersey, wohin sie 1937
gezogen waren, äußerst ideenreich – und unter Einsatz ihres Lebens –
den Widerstand gegen das deutsche Besatzungsregime. Von ihrem
Landsitz La Rocquaise aus verbreitete das Paar antideutsche Collage-
Flugblätter, die es den von Nazis kontrollierten Zeitungen beilegte,
und hisste auf dem örtlichen Kirchturm eine Flagge mit der weit-
hin sichtbaren Aufschrift »Jesus starb für die Menschen, doch die
Menschen sterben für Hitler«. Vier Jahre dauerte es, um die Urhebe-
rinnen jener Aktionen zu ermitteln; die beiden unscheinbaren,
kränklichen Damen, für die sie sich, stets in Schwarz gekleidet, aus-
gaben, verdächtigte lange Zeit niemand – gewiss die mutigste aller
Maskeraden von Claude Cahun. Ende Juli 1944 enttarnte und ver-
haftete man sie und Suzanne Malherbe; glücklicherweise zu spät:
Das über beide verhängte Todesurteil kam nicht zur Vollstreckung.
Anfang 1945 wurden sie aus der Haft befreit.

CLARA BOW

～ 1905 – 1965 ～

»WIR WAREN EIGENSTÄNDIG. WIR TATEN,
WAS WIR WOLLTEN. WIR BLIEBEN NACHTS LANG AUF.
WIR KLEIDETEN UNS, WIE WIR ES MOCHTEN [...].
HEUTE MÖGEN DIE MENSCHEN BEI BESSERER
GESUNDHEIT SEIN. ABER WIR HATTEN MEHR SPASS.«

CLARA BOW

D ie ›Flippigste‹ unter den Filmdiven Hollywoods war gleichzeitig die Fleißigste von ihnen: Allein in den Jahren 1925 und 1926 hatte Clara Bow in 22 Filmen mitgespielt und durch zahlreiche Flirts und Affären am Set mindestens ebenso viel Aufmerksamkeit erregt wie mit ihrem schauspielerischen Talent. Dennoch war ihr Aufstieg zum Star der Größenordnung einer Gloria Swanson oder Colleen Moore bis dahin ausgeblieben. Ben Schulberg, der Produzent ihrer Filme und eine Autorität in der Branche, hatte als einer der Ersten das Potenzial der Jungschauspielerin aus New York erkannt und eine Imagekampagne gestartet, die Clara Bow bei Paramount als »heißestes Jazz-Baby der Filmgeschichte« etablieren sollte. Durch die Hauptrollen in den Filmen *The Plastic Age* und *Dancing Mothers* war ihre Popularität bereits gestiegen, richtig in Schwung kam ihre Karriere aber erst, als Schulberg sie der Drehbuchautorin Elinor Glyn vorstellte: Glyn suchte nach der Idealbesetzung für die Hauptfigur ihrer neuen Story *It* und wurde prompt fündig: »It, das ist eine innere

Die strahlende Clara Bow 1929
während eines Segelturns.

Magie, ein tierischer Magnetismus«, erklärte sie Clara Bow, nahm ihren Kopf zwischen beide Hände, schaute ihr tief in die Augen und meinte: »Du bist mein Medium, Kind.« Die Dreharbeiten für den Film *It* dauerten nur knapp einen Monat; nach seiner Premiere war Clara Bow *das* Sexsymbol Hollywoods und einer der größten Stummfilmstars Amerikas – und sie war zur Patin eines Phänomens geworden, das seinen Namen ihrer Rolle verdankt und bis heute in der Welt der »Schönen und Reichen« beheimatet ist: Clara Bow war das erste ›It-Girl‹ der Geschichte.

»›It‹, zur Hölle, sie hat es besessen.«
DOROTHY PARKER über Clara Bow

Mit sechzehn hatte sich die selbstbewusste, durchsetzungsfähige Clara aus den Slums von Brooklyn heimlich beim Fotowettbewerb »The Fame and Fortune Contest« angemeldet, der 1921 von Motion Picture und anderen Filmzeitschriften gesponsert und organisiert wurde. Als ihre psychisch gestörte Mutter davon erfuhr, hätte sie ihre Tochter fast umgebracht: Mit einem Fleischermesser bewaffnet, war sie auf das Mädchen losgegangen, das dem Anschlag zum Glück entkam und – als Siegerin des Wettbewerbs mit einer Filmrolle belohnt – ihre triste Kindheit bald hinter sich lassen konnte. 1923 ging Clara Bow nach Hollywood, wo Schulberg sie unter Vertrag nahm, und noch im selben Jahr brillierte sie in einer Nebenrolle im Film *Black Oxen* unter der Regie Frank Lloyds. Lloyd war hellauf begeistert von der Bühnenfertigkeit der Newcomerin aus Brooklyn und sah in ihr den »personifizierten Flapper«, der zugleich »verschlagen, hübsch, aggressiv, hitzig und zutiefst sentimental« sei, wie er dem *Hamilton Evening Journal* im März 1924 mitteilte. Damit entfachte er einen Konkurrenzkampf zwischen Clara Bow und ihrer Gegenspielerin Colleen Moore, der Jahre andauern sollte: Colleen Moore war zu jener Zeit bereits ein Star und wurde seit dem 1923 gedrehten Film *Flaming Youth* als ultimative Darstellerin des Flappers gefeiert. Sie verkörperte den eher nüchternen, knabenhaft-androgynen Typus, mit dem die personifizierte Sinnlichkeit Clara Bows zwangsläufig kontrastierte. Die Rivalität der beiden führte schließlich zu einem Streit während gemeinsamer Dreharbeiten für den Film *Painted People*: Aus Sorge, Clara Bow könnte ihr die Show stehlen, untersagte Colleen Moore dem Regisseur, Nahaufnahmen von ihrer Konkurrentin zu machen. Letztere protestierte vehement, doch Moore saß am längeren Hebel – der Produzent des Films, John McCormick, war ihr Ehemann. Clara Bow verzichtete schließlich auf die Gage und schmiss hin; McCormick musste sich eine neue Darstellerin suchen.

Die Eifersucht Colleen Moores basierte auf der Angst um ihre Rolle als Hollywoods Star-Flapper. Für das zeitgenössische Publikum – und viele Fachleute aus der Filmbranche – repräsentierte Clara Bow etwas, an dem es Moore verglichen mit ihrer Rivalin mangelte: Sexappeal. »Ein einziger Augenaufschlag reichte und schon flirtete sie«, meinte etwa der Kameramann und zeitweilige Liebhaber Clara Bows, Arthur Jacobson – nur einer von vielen, die

Das Filmplakat zu *It* mit Clara Bow, 1927.

Clara Bow in den 1920er Jahren.

die erotische Präsenz der Schauspielerin rühmten. Legendär war ihr Casting-Auftritt vor Ernst Lubitsch, dessen Tick, fortwährend die Lippen zu schürzen, sie als Flirtgeste missverstand und mit Luftküssen darauf reagierte; selbstredend bekam sie die Rolle – und wurde Covergirl der Filmzeitschrift *Motion Picture Classic*, die unter dem Titel »The Kid Who Sassed Lubitsch« eine große Story über sie veröffentlichte. Der Regisseur William Wellman, mit dem sie 1927 den Erfolgsfilm *Wings* drehte, erinnerte sich, dass »alle jungen Schauspieler [...] in Clara Bow verliebt waren, und wer sie gekannt hat, der wusste, warum.« Auch Kameramänner, Beleuchter und Arbeiter am Set schätzten die Schauspielerin, weil sie ihre einfache Herkunft nie verleugnete, an Stargehabe und High-Society-Etikette nicht interessiert war und die Anwesenden gern mit Anekdoten erheiterte, die sie im derben Brooklyn-Slang zum Besten gab. Sie war authentisch und spielte die Flapper-Rollen ihrer Filme auch im wirklichen Leben. Ihre Gage, an der auch Schulberg als ihr Agent erheblich partizipierte, gab sie mit vollen Händen aus: Wenn sie ihren offenen Kissel durch Los Angeles steuerte, waren neben Bars und Restaurants die Spielhöllen der Stadt ihr bevorzugtes Ziel. Den »living room« ihrer Wohnung am Hollywood Boulevard nannte sie »loving room« und empfing dort unter anderem den Regisseur Victor Fleming, einen ihrer größten Verehrer, dessen Heiratsantrag sie allerdings ausschlug. »Die Ehe ist nicht mehr die alleinige Berufung einer Frau«, diktierte sie der Kolumnistin Dorothy Manners in die Feder: »Einem Mädchen, das sich seinen [gesellschaftlichen] Platz hart erarbeitet hat, reicht ein Dasein als Ehefrau nicht mehr.« Ihre Ansichten über die Ehe waren moderner als die der Filmfigur, die sie 1927 schließlich berühmt machen sollte: *It* erzählt die Geschichte der energischen Fabrikarbeiterin Betty Lou, die mit Witz, List, Mut, Stolz und dem gezielten Einsatz ihrer Sinnlichkeit – alles zusammen ergab »It«, das »gewisse Etwas« – Klassengrenzen ignoriert, das Herz ihres reichen Juniorchefs erobert und ihn schließlich vor den Traualtar führt. Dabei lässt das Filmende keinen Zweifel daran, dass Betty Lou auch nach der Hochzeit diejenige ist, die die

Regeln bestimmt. *It* wurde zu einem der größten Kassenschlager der Zwanzigerjahre und die Hauptdarstellerin zur Symbolfigur. »Ohne Zweifel besitzt das Bow-Mädchen genau dieses gewisse ›Etwas‹, nach dem der Film benannt ist«, urteilte die Zeitschrift *Variety*; Dorothy Parker schrieb später über Clara Bow, »›It‹, zur Hölle, sie hat es besessen«, und Scott Fitzgerald meinte, nachdem er den Film gesehen hatte: »Clara Bow ist die Quintessenz dessen, was der Begriff ›Flapper‹ bedeutet.«

Im Gegensatz zur Hauptfigur des Films besaß Clara Bow für ihre Beziehungen mitunter kein glückliches Gespür. Gary Cooper beispielsweise, mit dem sie nach ihrem großen Erfolg mit *It* eine Liaison hatte, erwies sich als Muttersöhnchen: Seine Eltern sahen in Clara Bow eine Skandalnudel und erklärten die Affäre – im Namen ihres Sohnes – öffentlich für beendet. »Je besser ich die Männer kenne, desto mehr mag ich Hunde«, lautet ein populäres Bonmot der Schauspielerin über ihre zahllosen gescheiterten Amouren. Neben dem Film *Wings* blieb *It* der größte Erfolg in ihrer Karriere, die sich – beschleunigt durch eine Rufmordkampagne der Regenbogenpresse, laut der sie ein komplettes Football-Team verführt haben sollte und die sie einige Rollen kostete – mit dem Aufkommen des Tonfilms einem frühen Ende neigte. Das Stummfilmpublikum hatte das It-Girl auf Händen getragen und behielt es in ebenso guter Erinnerung wie die *It*-Autorin Elinor Glyn: »Von all den reizenden jungen Ladys, die ich in Hollywood getroffen habe«, schrieb sie, »hat allein Clara Bow das ›gewisse Etwas‹ besessen.«

LOUISE BROOKS

～ 1906 – 1985 ～

»IN HOLLYWOOD WAR ICH EIN HÜBSCHES
FLATTERHAFTES DING [...]. IN BERLIN BETRAT ICH
DEN BAHNSTEIG [...] UND WURDE
EINE SCHAUSPIELERIN.«

LOUISE BROOKS

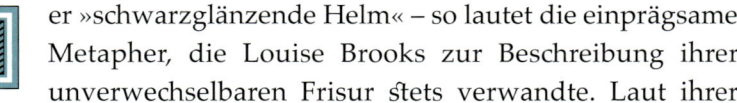 er »schwarzglänzende Helm« – so lautet die einprägsame Metapher, die Louise Brooks zur Beschreibung ihrer unverwechselbaren Frisur stets verwandte. Laut ihrer Autobiografie *Lulu in Berlin und Hollywood* war der stilbildende Haarschnitt das glückliche Resultat einer Eingebung ihrer Flapper-Freundin Barbara Bennett während eines gemeinsamen Bummels durch Manhattan: »Wir nahmen unseren Lunch in einem Drugstore in der Form von Schokoladen-Milchshakes zu uns«, erinnerte sich Louise Brooks, »und danach führte sie mich in den smarten Friseursalon Savelis, wo Saveli persönlich sich meiner Frisur annahm. Er kürzte meine Stirnponys zu einer Linie über den Augenbrauen, formte die Seitensträhnen so, dass sie spitz auf die Wangenknochen zuliefen, und gab dem Hinterkopf einen Fassonschnitt. Barbara war zufrieden. ›Um ehrlich zu sein, Tortengesicht‹, sagte sie, ›langsam fängst du an, wie ein Mensch auszusehen‹.« Knapp sechzehn Jahre jung waren die beiden angehenden Aktricen, als sie 1922 gemeinsam ausgezogen waren, um den Big Apple zu erobern. Louise Brooks gelang dies wie im Flug, was nicht allein am – von Filmhistorikern bis heute beschworenen – Zauber ihres formvollendeten Gesichts

Louise Brooks in dem Film *Now We're in the Air* von 1927.

und ihrer leuchtenden Augen unter dem schimmernden schwarzen Bob lag. Ihr Witz, ihre Intelligenz, die Fähigkeit zur Selbstironie und ihre Maxime, das Leben und ihre Karriere so leicht wie möglich zu nehmen und sich – gerade von der amerikanischen Filmindustrie – nicht verbiegen zu lassen, trugen ihr die Sympathien vieler Zeitgenossen ein.

Ihre Ausbildung zur Tänzerin wurde dem abenteuerlustigen Mädchen aus gutem Hause im Keller einer Kirche am Broadway zuteil, der die Denishawn-Tanzschule beherbergte. Zwei Jahre hielt Louise Brooks es dort aus, dann flog sie aus der Truppe und beschloss, auf eigenen Füßen zu stehen. 1924 kündigte sie ihr Zimmer am Riverside Drive, zog ins angesagte Algonquin-Hotel – wo auch Dorothy Parker logierte – und begann als Chorusgirl an der Broadway-Revue *George White's Scandals*, deren Hauskomponist George Gershwin damals war. Im Smart Set Manhattans, insbesondere unter den jüngeren Wallstreet-Brokern – jenen, so Louise Brooks, »höchst heirats- und zahlungsfähigen Junggesellen um die dreißig«, die in den »Debütantinnen der Society eine Bedrohung ihrer Freiheit [sahen] und […] sich deshalb den hübschen Mädchen vom Theater zu[wandten], deren Mütter nicht auf der Jagd nach Ehemännern für ihre Töchter waren« –, sorgte die junge Tänzerin für jede Menge Wirbel. Das Algonquin musste sie bald wieder verlassen: Frank Case, der Manager des Hotels, setzte sie vor die Tür, nachdem sie einige seiner Gäste in einem besonders kurz geschnittenen Kleid in Aufruhr versetzt hatte. Der »erniedrigende Rausschmiss« war für sie eine Erfahrung, die an ihr nagte und von der sie schließlich durch einen London-Urlaub mit Barbara Bennett Abstand gewann. Fast wäre die Reise gescheitert, da Louise Brooks mit siebzehn offiziell noch zu jung für den Erhalt eines Reisepasses war. »Aber ich weinte dem Passbeamten bittere schwarze Mascaratränen vor«, berichtete sie rückblickend; mit Erfolg, sie erhielt die Legitimation und fuhr mit der Freundin noch Ende 1924 in die britische Hauptstadt, wo sie im Szenelokal Café de Paris in der Coventry Street als eine der ersten Frauen Charleston tanzte.

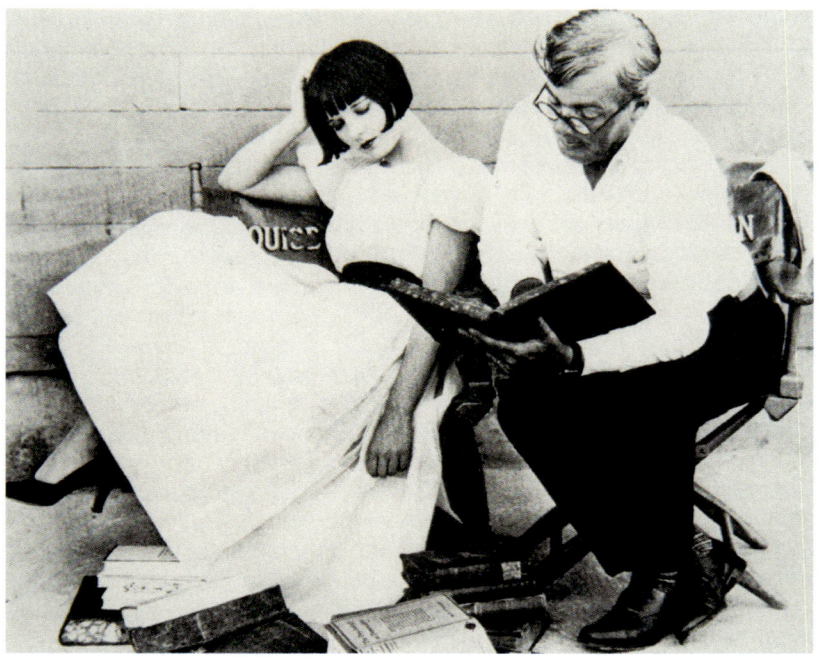

Nach ihrer Rückkehr kam Bewegung in die Karriere – und in das Privatleben – von Louise Brooks. 1925 erhielt sie eine eigene Tanznummer bei den *Ziegfeld Follies* und erste kleinere Filmrollen, war Covermodel des *Art & Beauty Magazine*, zog in die noble Park Avenue, hatte eine stürmische Affäre mit Charles Chaplin und heiratete schließlich den Regisseur Edward Sutherland. Die Produktionsfirma Paramount bot ihr 1926 einen Vertrag über fünf Filme an, für die Eugene Robert Richee, Fotograf bei Paramount, zu Werbezwecken eine legendäre Fotoserie der Schauspielerin vor schwarzem Hintergrund schoss, die bis heute ihr Image als Film- und Modelikone des Jazz Age prägt. In der Komödie *Love 'Em and Leave 'Em* überzeugte sie die Presse ausnahmslos, das Magazin *Variety* bescheinigte ihr sogar, besser gespielt zu haben als Evelyn

Die Schauspielerin Louise Brooks
bei der Arbeit, um 1920.

Brent, die weibliche Hauptdarstellerin des Films. Prominent wur-
de sie schließlich durch die Hollywood-Produktionen *Beggars of
Life* von William Wellman und *A Girl in Every Port* von Howard
Hawks, wo sie neben ihren schauspielerischen Fähigkeiten unter

Eine Szene mit Fritz Kortner aus dem Film *Die Büchse der Pandora*
von Georg Wilhelm Pabst, 1929.

anderem durch einen sensationellen Sprung in ein Wasserbecken aus schwindelerregender Höhe glänzte. Der Umstand, dass ihr fast durchweg Komödienrollen angeboten wurden – einige davon wohl allein deshalb, weil ihre bekannteren Konkurrentinnen Lillian Gish und Clara Bow ausgebucht waren –, ließ sie ihren Status als Filmstar eher distanziert und mit viel Ironie betrachten: Für die amerikanischen Filmemacher, die bei der Besetzung von Hauptrollen in der Regel Blondinen bevorzugten, sei sie nichts weiter als eine »brünette Blondine« gewesen, die man von Beginn an, wie sie tiefstapelnd schrieb, »in die Kategorie ›hübsch aber blöde‹ eingeordnet hätte; und in dieser Kategorie bin ich bis zum Ende meiner Filmkarriere geblieben«.

Die Rolle, die ihr Prestige als leichtlebiges Jazz-Age-Girl relativieren und die Wahrnehmung ihrer Person als Künstlerin wesentlich fördern sollte, bot ihr schließlich der Regisseur Georg Wilhelm Pabst an. Monatelang hatte er für seine Verfilmung von Frank Wedekinds Drama *Die Büchse der Pandora* nach der idealen Besetzung der sinnlichen Lulu gesucht und stand kurz vor der Verpflichtung Marlene Dietrichs, als er Louise Brooks in einem ihrer Hollywood-Filme sah und umgehend nach Amerika telegrafierte. »Stellen Sie sich vor«, soll die Dietrich einem Kostümbildner der Paramount gegenüber später geäußert haben, »dass Pabst Louise Brooks für seine Lulu wählte, wo er doch mich hätte haben können!« Für Pabst wog die Bühnenfertigkeit von Louise Brooks dabei schwerer als ihr Flapper-Image; Naivität – für den Charakter der Lulu unabdinglich – offenbarte sie seinem Verständnis nach in erster Linie als *Darstellerin* und nicht zwangsläufig als Person. »In Hollywood«, so sah es Louise Brooks jedenfalls, »war ich ein hübsches flatterhaftes Ding [...] In Berlin betrat ich den Bahnsteig, lernte Pabst kennen und wurde eine Schauspielerin.«

Als Louise Brooks im Oktober 1928 mit ihrem Liebhaber, dem New Yorker Geschäftsmann George Marshall, am Berliner Bahnhof Zoo eintraf – die Ehe mit Edward Sutherland war lediglich für zwei Jahre von Bestand gewesen –, begannen noch am selben Tag die Dreharbeiten in Babelsberg. Gut anderthalb Monate sollten sie dauern, und in dieser Zeit kam neben der Arbeit auch das Vergnügen nicht zu kurz: Fasziniert mischte sich Louise Brooks unter die Nachtschwärmer der Berliner Szene, deren Zügellosigkeit sie überraschte:»Der Nachtklub Eldorado«, schrieb sie,»präsentierte eine ganze Reihe verlockender Homosexueller in Frauenkleidern. Im [Nachtclub] Maly standen Lesbierinnen – feminine und in Schlips und Kragen – zur Auswahl. Im Theater tobte ohne Scham die kollektive Lust. Wenn Josephine Baker in der Revue *Chocolate Kiddies* bis auf einen Bananengürtel nackt auftrat, war es genauso, wie Wedekind in seinem Stück Lulus Bühnenauftritt beschreibt: ›Sie rasen dort so wie in einer Menagerie, wenn das Fleisch vorm Käfig erscheint‹« – das facettenreiche ›Nightlife‹ ihrer Heimatstadt New York wirkte auf sie danach vergleichsweise betulich.

»Louise hat eine europäische Seele.
Man kann sich ihr nicht entziehen.«
GEORG WILHELM PABST

Nach einer weiteren Zusammenarbeit mit Georg Wilhelm Pabst – dem Film *Das Tagebuch einer Verlorenen* – spielte sie 1929 die Hauptrolle in der Pariser Produktion *Prix de Beauté*, für die der Schriftsteller René Clair das Drehbuch verfasst und der Italiener Augusto Genina die Regie übernommen hatte. Sowohl *Prix de Beauté* als auch *Die Büchse der Pandora* waren – neben vielen anderen europäischen Stummfilmen – stark vom Expressionismus inspiriert und vermochten Louise Brooks gerade deshalb, wie der Filmhistoriker Peter Cowie darstellt, perfekt in Szene zu setzen: »Schwarz und Weiß«, schreibt er »[...] waren die Farben des Expressionismus, und niemand standen sie besser zu Gesicht als Louise Brooks. Zunächst Pabst und dann Genina betonten instinktiv die Rabenschwärze ihres Haars und das strahlende Cremeweiß ihres Gesichts, ihres Halses und ihrer Arme.« Die Kostüme für *Prix de Beauté* entwarf der französische Modeschöpfer Jean Patou.

Seine Kreationen standen der Schauspielerin besonders gut, was wesentlich dazu beitrug, dass auch zahlreiche europäische Modezeitschriften Fotos von ihr abdruckten – in amerikanischen war sie ohnehin präsent; eine der charakteristischsten, bis heute immer wieder reproduzierten Aufnahmen schoss Edward Steichen 1928 für das Magazin *Vanity Fair*, das in der Bildbeschreibung ein weiteres Mal ihre »erotische Ponyfrisur à la Cleopatra« anpries.

Entgegen dem Trend, der damals viele Schauspielerinnen – Marlene Dietrich etwa oder die Polin Pola Negri – auf dem Höhepunkt ihres Ruhmes von Berlin nach Amerika führte, ging Louise Brooks von Hollywood nach Europa. Dort lief *Die Büchse der Pandora* wesentlich erfolgreicher als in ihrer Heimat, wo der Film allerdings zu einem Zeitpunkt in die Kinos kam, als in New York die Börse zusammenbrach. Mit dem Ende des Stummfilm-Zeitalters war auch die Ära von Louise Brooks passé. Obgleich sie bis 1938 noch in einigen Tonfilmen mitwirkte, verblasste ihr Stern in dem Maße, in dem auch ihre Frisur aus der Mode kam – zumal sie als »passivste Schauspielerin der Welt«, wie sie sich bezeichnete, keinerlei Initiative zeigte, selbst Kontakte zu den Filmemachern Hollywoods zu knüpfen. In Amerika geriet sie weitgehend in Vergessenheit – bis ihr der Journalist Kenneth Tynan 1979 im *New Yorker* einen umfänglichen Essay mit dem Titel »The Girl in the Black Helmet« widmete und damit so etwas wie eine Brooks-Renaissance einläuten sollte. Tynan würdigte speziell ihre Leistung in *Die Büchse der Pandora* und schilderte seinen Lesern unter anderem, dass in Europa die Popularität von Louise Brooks auf dem Eindruck beruhte, ihr persönlicher Charakter sei mit dem ihrer Paraderolle nahezu verschmolzen – ein 1958 erschienener Artikel des Londoner Filmmagazins *Sight & Sound* illustriert dies: Dort wird dem Regisseur Georg Wilhelm Pabst bescheinigt, 1928 die ultimative Lulu-Figur inszeniert zu haben: »[...] im einzigartigen Gefäß einer schwarz und alabasterweißen Schönheit, die vollkommen anders war als alles, was irgendwelche Stars auf der Welt jemals an sexuellem Charme aufzubieten hatten.«

CABARET

UND
TANZ

Der nachhaltige Eindruck, den Louise Brooks während ihres Gastspiels an der Spree von der aufgeheizten Berliner Szene gewann, kam nicht von ungefähr: Seit dem Beginn der Zwanzigerjahre boomte dort der Boulevard, Tanzbühnen und Cabarets schossen wie Pilze aus dem Boden, Bars und Cafés verwandelten sich allabendlich in Tanzlokale und die Keller vieler Restaurants in beliebte Locations der homosexuellen Subkultur. Das berühmte Nelson-Theater und Rosa Valettis Kabarett Größenwahn, beide am Kurfürstendamm, platzten stets aus allen Nähten, ebenso wie die Wilde Bühne in der Kantstraße, der Club Die Pyramide in Schöneberg oder später der Charlottenburger Jockey-Club, der 1929 eröffnete und über dessen Tresen eine große Fotoaufnahme Marlene Dietrichs im Frack und mit Zylinder prangte. »Millionen von [...] wütend vergnügungssüchtigen Männern und Frauen torkeln und taumeln dahin im Jazz-Delirium«, wusste Klaus Mann aus eigener Anschauung zu berichten. »Der Tanz wird zur Manie, zur idée fixe, zum Kult. [...] Filmstars, Prostituierte – alles wirft die Glieder in grausiger Euphorie. [...] Es geht hoch her – oder vielmehr, es geht alles drunter und drüber.«

Im Berliner Amüsier- und Unterhaltungsbetrieb waren die Frauen nicht nur gleichberechtigte Teilnehmerinnen, sie waren auch Protagonistinnen des facettenreichen Nachtlebens. »Ich sage es ganz frei, die Zeit ist vorbei, wir spielen nicht mehr Heimchen am Herd«, sang Claire Waldoff bei ihren legendären Auftritten und zelebrierte dies anschließend in ihrem Stammclub, der Pyramide – unter anderem mit Anita Berber, sofern diese nicht gerade mit Nackttänzen das Publikum des Nachtlokals Die Weiße Maus in Aufruhr versetzte. »Nackttanz wurde die große Mode«, schrieb der Schriftsteller und Bohemien Leo Lania: »Hier, in den geheimen

Bars und Dielen hatte man teil an dem Laster der Zeit, [hier] fand man sich selbst sehr verrucht.«

Das hüllenlose Tanzen war für Anita Berber, wie auch für Lavinia Schulz als junger Tänzerin an der Berliner Sturm-Bühne, allerdings weit mehr als nur Bestandteil einer neuen Vergnügungs-kultur: Es war Ausdruck neugewonnener Freiheit und, vor allem, eine innovative Kunstform. Der Trubel, den beide mit ihren Auftritten regelmäßig verursachten – Lavinia Schulz, nachdem sie Berlin verlassen hatte, in ihren expressionistischen Ganzkörper-masken auch auf Hamburger Bühnen –, täuschte ihre sensations-hungrigen Zuschauer mitunter darüber hinweg, dass es höchst avantgardistische Künstlerinnen waren, die, entblößt oder umhüllt, vor ihnen über das Parkett glitten.

»Millionen von [...] wütend vergnügungssüchtigen Männern und Frauen torkeln und taumeln dahin im Jazz-Delirium. Der Tanz wird zur Manie, zur idée fixe, zum Kult [...]. Es geht hoch her – oder vielmehr, es geht alles drunter und drüber.«

KLAUS MANN

Als Josephine Baker mit ihrer *Revue Nègre* 1926 aus Paris nach Berlin kam und die deutsche Hauptstadt mit dem Charleston-Fieber infizierte, war man an der Seine, im europäischen Zentrum der Exil-Amerikaner, bereits einen Schritt weiter: In den Revuen an der Champs-Élysées war der populäre Modetanz aus Über-see nach dem Eintreffen Bakers und ihren Auftritten im Jahr 1925 zum festen Bestandteil der Abendprogramme avanciert, und in den Tanzbars am Montmartre und Montparnasse hatte er ohnehin Hochkonjunktur. Der Nachtclub Jockey, Vorbild des gleichnamigen Berliner Clubs und Treffpunkt der Lost Generation und der Künstlerboheme am Boulevard de Montparnasse, war jede Nacht überfüllt und bekannt dafür, die besten Jazzpianisten der Stadt zu beschäftigen. Dort begann die multitalentierte Kiki de

Montparnasse ihre Karriere als Chansonsängerin – und dort tanzte sie nach ihren Auftritten durch bis in die Morgenstunden.

Die Keimzelle des Triumphzuges, den der Charleston in den Metropolen der Welt antreten sollte, war jedoch eine Jazz-Revue am Broadway: Im Musical *Running Wild* spielte der Pianist James P. Johnson 1923 erstmals seine bahnbrechende Komposition *The Charleston*, die sich wie ein Lauffeuer verbreitete und in kürzester Zeit sämtliche Clubs und Flüsterkneipen New Yorks erfasste. Namentlich die Flapper der Stadt trugen den Tanz in die illegalen Bars, führten ihn in kurzen Röcken aus – was anders gar nicht möglich war – und verstanden ihn als Mittel des Protests: sowohl gegen die Prohibition als auch gegen ein anachronistisches Frauenbild. Erste »Exportversuche« hatte es schon früh gegeben: Bereits 1924 versetzte Louise Brooks – damals erst Teenager und noch ein Sternchen am Broadway-Himmel – das Publikum im Londoner Café de Paris tanzend in Staunen; ein halbes Jahr darauf verhalf Josephine Baker dem Charleston in der Alten Welt dann endgültig zum Durchbruch.

ANITA BERBER

∼ 1899 – 1928 ∼

»SIE WAR DIE GEWAGTESTE FRAU IHRER ZEIT. SIE HAT
IHR KURZES LEBEN VERBRANNT. DIE JUGEND VON HEUTE
KANN SICH NUR ZU GUT MIT IHR IDENTIFIZIEREN.«

KARL LAGERFELD

 m Abend des 14. November 1922 blieb kein Platz im
Großen Saal des Wiener Konzerthauses unbesetzt. In
Scharen war das Publikum herbeigeströmt, um dem
Premierengastspiel einer ›Skandaltänzerin‹ beizuwohnen, die es ge-
schafft hatte, den Bühnenbetrieb in den Metropolen Deutschlands
auf den Kopf zu stellen: Anita Berber tanzte, zusammen mit ihrem
Partner Sebastian Droste, die Choreografie *Tänze des Lasters, des
Grauens und der Ektase*. Und wie meistens, wenn sie auftrat, waren
Zuschauer wie Kritiker danach in ihrem Urteil gespalten. »Die einen«, stand kurz darauf in der Wiener *Volks-Zeitung*, »rühmten die
künstlerische Eigenart der Tänze, die anderen entsetzten sich darüber, dass eine Frau es wage und wagen könne, sich vollkommen
hüllenlos zur Schau zu stellen. Und die Zahl jener, die in diesem
Umstande die Hauptsensation des Tanzes erblickten, war nicht ge-
ring.« Anita Berber war egal, dass sie mit ihren Vorstellungen regelmäßig die Sittenwächter der bürgerlichen Moral auf den Plan rief.
Sie verstand den Tanz als optimalen Ausdruck von Sinnlichkeit,
der sich am reinsten durch einen unverhüllten Körper vermittelte.

Anita Berber, 1920.
Foto der international renommierten Dora Kallmus,
die sich auch Madame d'Ora nannte.

Unabhängig davon, ob ihr Publikum sie als Künstlerin wahrnahm oder als entkleidetes Revuegirl – sie hatte es zu etwas gebracht, was bis dato einzigartig war: zum deutschen Sexsymbol der frühen Zwanzigerjahre.

Musikalität war Anita Berber als Tochter eines Konzertviolinisten und einer Kabarettsängerin gewissermaßen in die Wiege gelegt. Als Siebzehnjährige wurde sie Mitglied im Ensemble der angesehenen Ballettschule Rita Sacchettos, dem unter anderem Valeska Gert und die spätere Schriftstellerin Dinah Nelken angehörten. Nelken fiel neben der ungeheuren Ausstrahlung Anita Berbers insbesondere auf, dass die junge Ballerina erst glücklich war, »wenn ihre Anhänger nicht nur applaudierten, sondern laut ›Anita, Anita‹ riefen«. Solche Beifallsstürme gab es bald zuhauf, gleich ihr erster Soloabend war so umjubelt, dass sich die Berliner Tanztheater fortan um sie rissen.

»*Anita Berbers Tänze sind erlebte Inbrunst [...]. [Sie] hat in der kurzen Zeit, die ihr Auftritt dauert, eine Revolte angestiftet.*«
MAX HERRMANN-NEISSE

1920 kam der Nackttanz groß in Mode. Am Kurfürstendamm waren die Aufführungen des Celly de Rheydt-Balletts, des ersten Nacktballetts der Republik überhaupt, *die* Sensation und stets ausverkauft; dort heuerte Anita Berber an und avancierte schnell zur Hauptattraktion der Truppe. Ein Jahr später trat sie, mittlerweile berühmt, als erste Tänzerin hüllenlos auf Sankt Pauli auf – bis zu dieser Vorstellung waren öffentliche Nacktauftritte selbst auf der Reeperbahn behördlich untersagt gewesen. Ihr Erfolg war groß und beschränkte sich bald nicht mehr nur auf die Tanzbühnen. Etliche Filmregisseure wurden aufmerksam: In *Der Falschspieler* von Emil Justitz spielte Anita Berber an der Seite von Hans Albers, Richard Oswald engagierte sie unter anderem für seinen Horrorklassiker *Unheimliche Geschichten*, und in Fritz Langs Meisterwerk *Dr. Mabuse, der Spieler* doubelte sie die Tanzszenen der Hauptdarstellerin Aud Egede-Nissen. Die Fotografin Dora Kallmus, die als erste Frau in Wien an der Graphischen Lehr- und Versuchsanstalt Fotografie studiert hatte und seit 1907 unter dem Künstlernamen Madame d'Ora im ersten Bezirk ein Atelier führte, entdeckte Anita Berber als Model und schoss ganze Serien von Porträt- und Modeaufnahmen. In Zeitschriften wie *Die Dame* und *Elegante Welt* tauchten regelmäßig Fotografien von ihr auf. In Berlin wurde »die Berber«, wie sie bald überall hieß, zur Kultfigur und Koryphäe des Nachtlebens. Der Mann, den sie 1919 geheiratet hatte, der Offizierssohn Eberhard von Nathusius, spielte in ihrem Leben schon früh keine Rolle mehr, 1922 trennten sich beide einvernehmlich. Affären hatte sie jede Menge, mit Männern wie mit Frauen. In Berlins lesbischer Szene – die zu jener Zeit nicht nur geduldet, sondern geradezu en vogue war – ›debütierte‹ sie an der Seite ihrer Freundin Susanne Wanowski, die in Schöneberg das Frauenlokal La Garçonne betrieb. Beide tauchten regelmäßig im Nachtclub Die Pyramide auf, »mit großem Hallo begrüßt«, wie Claire Waldoff sich erinnerte, »[...] die hinreißende Tänzerin Anita Berber und Celly de Rheydt und die schöne Susi Wanowski und ihre Korona [...]; es war das typische Berliner Nachtleben mit seiner Sünde und seiner Buntheit«. Mal im

Smoking mit Melone und Monokel, mal in dekolletierter Robe mit Äffchen im Ausschnitt – Anita Berber verkörperte den Zeitgeist und setzte die Trends. »Eine Zeit lang machten ihr in Berlin die mondänen Weiber alles nach. Bis aufs Monokel. Sie gingen à la Berber«, schrieb der Dramaturg Siegfried Geyer in *Die Bühne*. Und Klaus Mann meinte rückblickend: »Anita Berber war schon eine Legende. Sie war erst seit zwei oder drei Jahren berühmt, aber schon ein Symbol geworden. Verderbte Bürgermädchen kopierten die Berber, jede bessere Kokotte wollte möglichst genau wie sie aussehen.« Im Berlin der frühen Zwanziger war sie das Maß aller Dinge und auf jedem Ball der Stadt präsent. Doch obwohl sie ihren Ruhm zweifelsohne genoss – wichtiger als die Publicity war ihr der Tanz.

Die Liebesbeziehung zum Hamburger Tänzer Sebastian Droste, der 1920 zum Celly de Rheydt-Ensemble stieß, markiert den Scheitelpunkt ihrer Karriere. Droste, der bürgerlich Willy Knobloch hieß, war multitalentiert und lebender Beweis dafür, wie eng Genie und Wahnsinn mitunter beieinanderliegen. Neben innovativen Tanzchoreografien schuf er expressionistische Gemälde und Gedichte, war bekennender Hedonist und rauschgiftsüchtig. Mit ihm entwarf Anita Berber die *Tänze des Lasters, Kokain* und *Morphium* betitelt, die 1922 in Wien zur Uraufführung kamen und über die der renommierte Tanzkritiker Joe Jencik, der damals im Publikum saß, begeistert schrieb: »*Kokain* zusammen mit *Morphium* bilden bei Anita Berber die wesentlichsten und persönlichsten künstlerischen Schöpfungen, die stellenweise bis an die pathologische Studie eines brillanten Pantomimen grenzen.«

Die Tänzerin wusste genau, wovon sie tanzte. Schon vor ihrer Zeit mit Droste war Anita Berber Rauschmitteln jeglicher Art – insbesondere dem Kokain – nicht abgeneigt. Kokain war damals in Berlin *die* Modedroge schlechthin und wurde bei Weitem nicht allein in Kreisen der Halbwelt konsumiert. Dass sie die Wirkung des weißen Pulvers schon früher gelegentlich erprobte, ist belegt. Exzessiv wurde der Konsum jedoch erst mit ihrer Beziehung zu Droste; der Rauschmittelgebrauch entwickelte sich mehr oder weniger zum

Bestandteil der künstlerischen Selbstinszenierung beider.»Ich weiß nur«, sagte sie 1927 der ungarischen Zeitung *Pesti Naplo*,»dass niemand jemals ein so fieberhaftes, schnelles und begieriges Leben geführt hat, wie wir es taten, wenn wir zusammen tanzten.« Zusammen getanzt haben beide noch bis 1923, dann brannte der wegen Betrugs aktenkundig gewordene Droste nach New York durch – mit wertvollen Schmuckstücken seiner Tanzpartnerin im Gepäck.

Im Verschwinden Drostes lag die Chance für einen Neubeginn: 1924 heiratete Anita Berber den jungen amerikanischen Tänzer Henri Châtin-Hofmann und trat mit ihm und einem neuen Programm in zahlreichen Cabarets und Varietés auf. Lukrative Filmangebote blieben nun allerdings aus, sie galt als unberechenbar und nicht zuverlässig. Ihr Ruf war nach der Amour fou mit Droste erheblich beschädigt, zumal auch weiterhin der eine oder andere Eklat kolportiert wurde und die Presse dankbar nach allem griff, was sie bekommen konnte:»Alle Leute sagen, ich wäre verrückt geworden und säße tobend eingesperrt«, schrieb sie einmal empört an eine Zeitungsredaktion,»dabei liege ich ganz vergnügt im Sanatorium [...] und erhole mich nur von einer kleinen Bauchfellentzündung.« Anita Berber fühlte sich zunehmend missverstanden, sie wollte als Künstlerin wahrgenommen werden, nicht als Skandalnudel; und gerade da lag das Problem: Wenn es nötig war, verteidigte sie ihre Kunst nämlich nicht allein mit Worten. Kam es während ihrer Aufführungen – meist im berüchtigten Vergnügungslokal Die Weiße Maus, in dem die Gäste Masken aufsetzten, um anonym zu bleiben – zu ungebührlichen Zwischenrufen, wurde sie mitunter handgreiflich.»Ich war starr«, erinnerte sich der Feuilletonchef des *Berliner Tageblattes*, Fred Hildenbrandt, der sie nach einer ihrer Vorstellungen zu beruhigen versuchte,»diese Nackttänzerin tanzte ein ernstes Programm [...] und verlangte, dass ein Publikum, das sich erotisch amüsieren wollte, das kapierte.« Nachdem sie schließlich einem lärmenden Gast, der offenkundig »nicht kapieren wollte«, eine Flasche Champagner über den Kopf geschlagen hatte, bekam sie Auftrittsverbot. Die Berliner Sängerin Henny Walden, die zu jener

Anita Berber und Sebastian Droste in dem Tanz *Märtyrer,* 1922.

Zeit in der Weißen Maus verkehrte, brachte das Dilemma der Tänzerin auf den Punkt: »Anita Berber. Die Göttliche entblößt sich jede Nacht in einer anderen Kaschemme um ihrer Kunst willen, und niemand begreift sie.«

Anita Berber tanzte buchstäblich bis zum Umfallen. Während einer Tournee, die sie mit Châtin-Hofmann zunächst durch Athen, Kairo und Alexandria geführt hatte, brach sie auf einer Bühne in Damaskus zusammen; »galoppierende Lungenschwindsucht« – Tuberkulose – lautete die Diagnose der Ärzte. Die »Inflationstänzerin«, wie sie in zahlreichen Nachrufen bezeichnet wurde, starb im November 1928 mit 29 Jahren in Berlin-Kreuzberg. »Anita Berber gehörte zu jenen pflanzenhaften Geschöpfen«, versuchte Siegfried Geyer in seiner Würdigung den Lesern der *Bühne* nahezubringen, »die den Steuerexekutor nackt in der Badewanne sitzend empfangen und daran gar nichts finden, die einen Besuch beim Advokaten machen und in der Kanzlei plötzlich entdecken, dass sie unter dem Mantel nichts anhaben, weil sie ganz vergessen haben, dass man sich für einen Besuch eigentlich anziehen muss. In solchen Fällen sagte Anita Berber nicht: ›Ich habe vergessen, mich anzuziehen, entschuldigen Sie!‹, sondern nur: ›Geben Sie mir eine Zigarette, ich habe meine Tabatiere liegen lassen‹.«

Besucher eines der damals
so populären Cabarets,
um 1925.

KIKI DE MONTPARNASSE

~ 1901 – 1953 ~

**»OHNE ZWEIFEL STAND SIE [KIKI] EHER
IM MITTELPUNKT JENER ÄRA IN MONTPARNASSE,
ALS KÖNIGIN VIKTORIA JEMALS IM MITTELPUNKT
DER VIKTORIANISCHEN ÄRA GESTANDEN HAT.«**

ERNEST HEMINGWAY

ie Nachricht verbreitete sich wie ein Lauffeuer im Quartier, und die Schlange der Wartenden vor der Buchhandlung Edouard Loewy am Boulevard Raspail wuchs immer weiter: Am Abend des 29. Oktober 1929 gab Kiki, die »Königin vom Montparnasse«, eine Signierstunde – und zusätzlich noch jedem, der für dreißig Franc ihr druckfrisches Memoirenwerk *Souvenirs* erstand, einen Kuss. Laut *Paris Tribune* ließen die Bewohner des Viertels, namentlich die Männer, daraufhin alles stehen und liegen, um dorthin zu eilen. Die Werbemaßnahme zog, das Buch entwickelte sich über Nacht zum Bestseller. Mit der Übersetzung ins Englische, die ein Jahr darauf samt Vorwort von Ernest Hemingway erscheinen sollte, wurde der amerikanische Journalist Samuel Putnam beauftragt. Allerdings zögerte Putnam zunächst, die Angelegenheit, meinte er, sei ein wenig heikel: »The problem is not to translate Kiki's text but to translate Kiki.«

Im Paris der Zwanzigerjahre war Kiki alias Alice Ernestine Prin,

---

Kiki de Montparnasse, 1925.

so ihr bürgerlicher Name, ein echter Star und weit über die Grenzen Frankreichs hinaus bekannt. Als Aktmodell saß sie für Man Ray, Moise Kisling, Tsuguharu Foujita und Chaim Soutine, malte selbst und arbeitete als Nachtclub-Sängerin und Schauspielerin. Der Schriftsteller Dan Franck sieht sie als »erste emblematische Figur des Nachkriegs-Montparnasse, dessen explosiven Ruf sie mit ihren Eskapaden und Ausreißern bis nach Amerika zu verbreiten half«. Die multitalentierte Diva der Pariser Boheme verstand es, die Blicke und die Aufmerksamkeit auf sich zu ziehen, zum Einsatz kamen dabei neben ihrer tiefen, melodischen Stimme ein markant lasziver Habitus – ebenso wie die eigentümliche Schönheit ihres Gesichts. »Schon ihre ›maquillage‹ war ein Kunstwerk«, schrieb der kanadische Dichter und Zeitzeuge John Glassco: »Die Augenbrauen waren komplett ausrasiert und durch zart geschwungene Linien ersetzt, die wie die Tilde auf einem spanischen ›ñ‹ aussahen, an den Wimpern klebte mindestens ein Teelöffel Mascara, und der Mund, in einem dunklen Rot angemalt, das seine raffiniert erotischen Konturen betonte, leuchtete vor dem Kalkweiß der Wangen, auf denen knapp unterhalb eines Auges äußerst kunstvoll ein Schönheitsfleck prangte.«

Der Beginn der Karriere verlief allerdings holprig. Das uneheliche Kind wuchs in bescheidenen Verhältnissen bei seiner Großmutter im burgundischen Châtillon-sur-Seine auf, ehe es der Mutter 1915 nach Paris folgte. Eine Stelle als Bäckereigehilfin verlor Kiki nach einer handgreiflichen Auseinandersetzung mit der Bäckerin – diese hatte das Mädchen wegen seines ausgeprägten Faibles fürs Schminken als Hure bezeichnet. Mit fünfzehn Jahren landete Kiki zum ersten Mal im Atelier eines Künstlers, um für einen Hungerlohn nackt Modell zu stehen. Zwei Jahre darauf traf sie den polnischen Maler Maurice Mendjisky, dem sie den Spitznamen »Kiki« – Koseform des griechischen Namens Aliki für Alice – verdankt und der das erste bekannte Porträt von ihr schuf. Über Mendjisky lernte sie im Café Parnasse am Boulevard Montparnasse schließlich Moise Kisling kennen, der sie vom Fleck weg für drei Monate als Modell engagierte – für Kiki nach den wenig lukrativen Aufnahmen bei einigen Pin-up-Fotografen der Durchbruch, Sitzungen mit Künstlern wie Per Krohg, Kees van Dongen und André Derain folgten. Legendär ist ihre erste Begegnung mit Tsuguharu Foujita in dessen Atelier in der Rue Delambre: Kiki reagierte auf die Zurückhaltung des scheuen Japaners, indem sie ihm den Stift aus der Hand nahm und kurzerhand ein Porträt von *ihm* anfertigte – das Eis war damit gebrochen, Foujita malte einen großflächigen Akt Kikis, der tagelang Pressethema war und schließlich zu einem unerwartet hohen Preis verkauft wurde.

»Montparnasse ist ein Ort wie eine Zirkusarena.
Leichtfüßig geht man hinein und weiß kaum,
wie einem geschieht; wieder herauszukommen,
fällt umso schwerer.«

KIKI DE MONTPARNASSE

Das wohl bekannteste Bild Kikis stammt jedoch von Man Ray. Ende 1922 hatten sie sich kennengelernt, und in den folgenden Jahren war Kiki Lieblingsmodell und Geliebte des Amerikaners. Er fertigte zahlreiche Fotografien von ihr an, unter anderem *Le Violon d'Ingres*, eine der meistpublizierten Aufnahmen Man Rays überhaupt, eine suggestive Porträtcollage, in der Kikis entblößter Rücken dem Betrachter als Violine erscheint. Über Man Ray und seine Kontakte eroberte Kiki auch die Kinos der Stadt, in seinem surrealistischen Film *Emak Bakia* wirkte sie ebenso mit wie in den Experimentalwerken Fernand Légers und Pierre Préverts.

Kikis Präsenz beschränkte sich aber nicht allein auf die Filmsäle der Seine-Metropole und die Ateliers ihrer Künstler: Ende 1923 eröffnete am Boulevard du Montparnasse der Nachtclub The Jockey und wurde schnell zum Treffpunkt aller Kreativen des Viertels. Die Tanzfläche des Jockey war immer gut gefüllt – einmal sogar so voll, dass dort, wie der Maler Jean Oberlé berichtete, »ein schönes Mädchen nackt tanzte und niemand Notiz davon nahm«.

Kiki war Stammgast der ersten Stunde, trat regelmäßig als Inter-
pretin frivoler Chansons auf, tanzte Cancan und später Charleston.
Rasch avancierte sie zur Hauptattraktion des Clubs, und die Ein-
nahmen, die man stets in einem unter den Gästen kursierenden
Hut sammelte, wurden anschließend mit allen Auftretenden geteilt.

*»Die Augenbrauen waren komplett ausrasiert
und durch zart geschwungene Linien ersetzt [...],
an den Wimpern klebte mindestens ein Teelöffel Mascara,
und der Mund, in einem dunklen Rot angemalt,
das seine raffiniert erotischen Konturen betonte,
leuchtete vor dem Kalkweiß der Wangen, auf denen
knapp unterhalb eines Auges äußerst kunstvoll
ein Schönheitsfleck prangte.«*

Auch auf den Festen der Hautevolee und Künstlerboheme war Kiki
gern gesehener Gast und bildete früher oder später den Mittelpunkt
jeder Gesellschaft. Die Vernissagen Joan Mirós, Kees van Dongens
und anderer besuchte sie gelegentlich in selbst entworfenen, extra
tief ausgeschnittenen Kleidern und verhalf auf diese Weise den zahl-
reich anwesenden Persönlichkeiten aus der Modebranche – Paul
Poiret, Jeanne Lanvin und Coco Chanel etwa – zu neuen Impres-
sionen. Mitunter nahm sie sogar ihr kleines Haustier mit, eine Maus,
die sie in einem maßgefertigten, handtaschengroßen Körbchen
umhertrug. »Das Leben«, äußerte sie Djuna Barnes gegenüber, »ist
au fond so begrenzt, so ohne Möglichkeiten zu neuen Frivolitäten,
so *diabolique*, dass man im Besitz einer Maus sein muss, einer kleinen weißen Maus *n'est-ce pas*, um sie zwischen Cocktails und *thé*
umherlaufen zu lassen.«
Einmal empfing Kiki auch selbst, als Gastgeberin der eigenen
Vernissage: 1927 stellte die Galerie Au Sacre du Printemps in der Rue
du Cherche-Midi ihre Bilder aus, und alle, die in Künstlerkreisen
Rang und Namen besaßen, kamen. »Es war«, schrieb *Paris Tribune*,

Kiki de Montparnasse, 1920, Fotografie von Gaston Paris.

Man Ray vor einer Fotografie von Kiki de Montparnasse
in den 1950er Jahren. Das Bild von Kiki de Montparnasse wiederum
stammt aus den 1920er Jahren.

»soweit wir wissen die erfolgreichste Vernissage des Jahres.« Zu jener Zeit strebte die Popularität Kikis bereits ihrem Höhepunkt zu, und spätestens mit der Publikation ihrer Memoiren war dieser erreicht.

Das Ende der Goldenen Zwanziger bedeutete auch das Ende der Ära Kikis. Wie viele Künstler traf die Wirtschaftskrise sie hart. Über Jahre trat sie weiterhin in Cabarets und Nachtclubs auf, ihr Stern jedoch sank unablässig, und über ihr weiteres Wirken ist so gut wie nichts mehr bekannt. Als Phänomen hatte Kiki allein in den Zwanzigerjahren Bestand. Laut ihren Biografen Billy Klüver und Julie Martin war sie damals eine der ersten absolut unabhängigen Frauen überhaupt. Sie nahm sich, was sie wollte, und wenn sie es nicht erhielt, konnte es ungemütlich werden – der prominente amerikanische Kunsthändler Julian Levy bekam dies einmal zu spüren: Als er ihre unzweideutigen Avancen ignorierte, verspottete Kiki ihn mit den Worten: »Vous n'êtes pas un homme, mais un hommelette.«

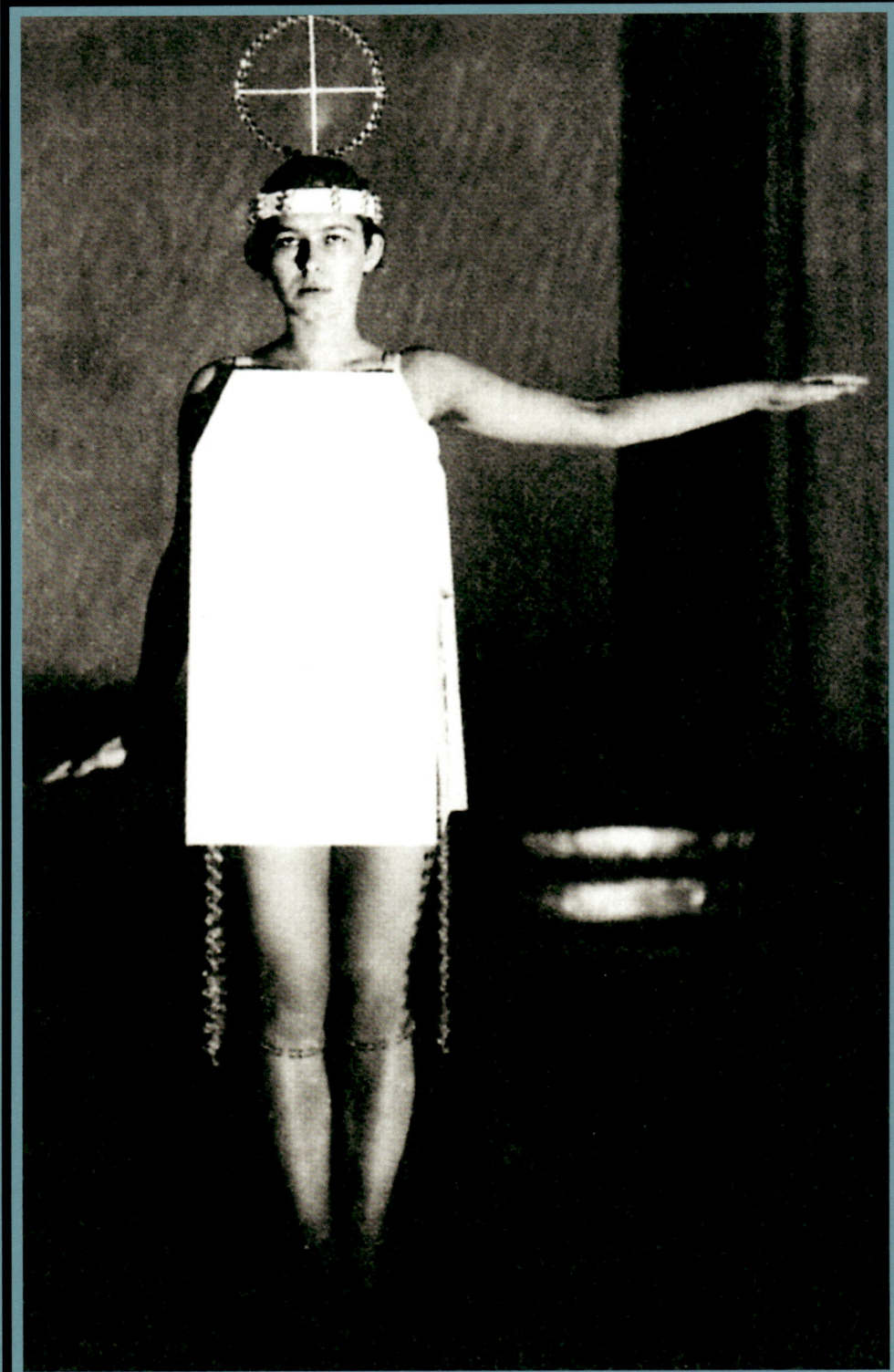

LAVINIA SCHULZ

~~ 1896 – 1924 ~~

»SEIT DEM 17. JAHR EMPFINDE ICH
MEIN LEBEN NUR WIE EIN FEGEFEUER,
WANN WERDE ICH DURCH SEIN?«

LAVINIA SCHULZ

este in Hamburg? – »Jawohl, die gibt es«, versicherte der Journalist und Kritiker Hans W. Fischer seinen Lesern im *Hamburger Kulturbilderbogen* und trat damit gängigen Klischees entgegen, die besagten, dass in den frühen Zwanzigerjahren an der Alster – in der Stadt der nüchternen Hanseaten – nicht ausschweifend gefeiert wurde. Fischer wusste, wovon er schrieb; zusammen mit anderen Künstlern und Intellektuellen der Hamburger Avantgarde saß der Feuilletonchef der *Neuen Hamburger Zeitung* im Planungskomitee jener Veranstaltungen, die alljährlich, so der Dichter Hans Leip, »wie ein Schock ins hansische Schwarzbrotbehagen« platzten: die Hamburger Künstlerfeste im Curiohaus an der Rothenbaumchaussee. Sie waren in ganz Deutschland berühmt, dauerten mehrere Tage an und hießen »Die Götzenpauke«, »Der himmlische Kreisel« oder »Cubicuria. Die seltsame Stadt«. Ihre Szenarien waren beeindruckend: Durch die von Hamburger Sezessionisten üppig dekorierten, fantasievoll ausgeleuchteten Säle drängten ekstatische, wild kostümierte Menschen scharenweise der Bühne entgegen, auf der, flankiert von meterhohen Skulpturen, aufregende Tanzshows und Revuen

Lavinia Schulz, in einer Aufführung der Kampfbühne
von Lothar Schreyer aus dem Jahr 1919.

präsentiert wurden. Die Schwestern Gertrud und Ursula Falke tanzten Dada-Inszenierungen, die Ausdruckstänzerinnen Mary Wigman
und Valeska Gert traten auf, ebenso wie Elsbeth Baack, die dabei
mitunter sämtliche Hüllen fallen ließ. Attraktion und Höhepunkt
der Feste aber waren die futuristischen Maskentänze von Lavinia
Schulz, die zusammen mit ihrem Partner Walter Holdt über das
Parkett wirbelte – in Sackleinen, Sperrholz, Draht und Wolle gehüllt.

»Tanz, Tongestaltung und Maske.
Das ist ein Drei-Klang, ein Drei-Gebet. Die Lösung
dieser Aufgabe wird sicher von großer Bedeutung sein
für die deutsche Sprach-, Tanz-, Theaterkultur.
Wo sind die Menschen, die weitsehend genug sind
und diese beiden Menschen stützen?!«

KARL LORENZ über
das Tanzpaar Lavinia Schulz und Walter Holdt

Begonnen hatte die Karriere von Lavinia Schulz in Berlin, wo sie
der Dramaturg Lothar Schreyer an Herwarth Waldens Sturm-
Bühne entdeckte. Schreyer beschäftigte seine »erste Schülerin«
zunächst als Kostümbildnerin, erkannte aber bald ihr tänzerisches
Potenzial und förderte sie dazu in der anspruchsvollen Technik des
Klangsprechens. 1918 debütierte sie in der Titelrolle von August
Stramms dadaistischem Stück *Sancta Susanna*, das, von Schreyer
inszeniert, nur ein einziges Mal aufgeführt wurde und einen gewal-
tigen Skandal auslöste: »Lavinia Schulz«, erinnerte sich Schreyer,
»eine geniale Person mit wilder Leidenschaft, nur von der Zucht der
Kunst gebändigt, spielte – nackt – die Sancta Susanna, unter atem-
losem Verharren – vielleicht Entsetzen – der Zuschauer, die nach dem
Ende des Spiels in frenetischem Beifall und wüsten Protesten das
Kampfschauspiel zweier Welten boten.« Die Aufführung endete mit
handgreiflichen Auseinandersetzungen und dem Einschreiten der
Polizei. Nachdem das Stück bei der Presse gänzlich durchgefallen
war, ging der Dramaturg mit seiner Bühnenkünstlerin nach

Hamburg, wo er an der Kunstgewerbeschule am Lerchenfeld die Kampfbühne gründete. Dort traf Lavinia Schulz auf den zwei Jahre jüngeren Tänzer Walter Holdt; eine folgenschwere Begegnung, wie sich herausstellen sollte. Die stürmische Beziehung der beiden führte immer wieder zu Tumulten während der Proben und einmal sogar so weit, dass die Tänzerin ihren Partner an den Haaren quer durch den Tanzsaal zog. »Es ist für meine Nerven eine harte Probe, aber künstlerisch ist die Schulz für uns nötig«, beklagte sich Schreyer bei Herwarth Walden. Da ihr aber auch das von Schreyer favorisierte Klangsprechen auf Dauer zu leblos erschien, endete ihr Engagement an der Kampfbühne frühzeitig.

In einer Kellerwohnung nahe den Hamburger Kammerspielen wandte sich das impulsive Paar – Holdts Tätigkeit an der Kampfbühne war mit dem Ausscheiden von Lavinia Schulz ebenfalls beendet – ab 1920 voll und ganz einer neuen Ausdrucksform zu: dem Maskentanz; kreativer Kopf des Duos war Lavinia Schulz. Ihre Ganzkörperkostüme fertigten sie selbst an und bedienten sich dafür denkbar einfacher Materialien. Neben Sackleinen und Holz kamen vor allem Gips, Pappe, Metall und auch Industriemüll zum Einsatz. Die imposanten Masken, die daraus entstanden, sahen aus wie Symbiosen aus Robotern und Insekten und waren, so der Journalist Erich Lüth im *Hamburger Anzeiger*, »nicht aufgesetzt, nicht Kostüm, sondern der eigentliche Tanzkörper, dem der lebendige Leib nur seine Kräfte lieh«. »Skirnir«, »Springvieh« oder »Technik« hießen einige ihrer Figuren, von denen zwei der bekanntesten – »Toboggan« und »Sie« – in Details an die farbgewaltigen Kreationen Fernand Legérs und Sonia Delaunays erinnern.

Choreografiert und geprobt wurde in der dunklen Kellerwohnung, die gleichzeitig als Werkstatt und Schlafraum diente und in die vorübergehend auch Hans Heinz Stuckenschmidt einzog, der die Musik für ihre Auftritte schrieb. Lovis H. Lorenz, später Mitbegründer der Zeitung *Die Zeit*, erinnerte sich an den Auftakt einer aufsehenerregenden Vorstellung der beiden an den Hamburger Kammerspielen: »Zwei Gongschläge schufen Stille; das Orchester

Tanzmaske »Technik« von Lavinia Schulz,
Fotografie von Minya Diez-Dührkoop, 1924.

Das Tanzpaar »Toboggan«
(Lavinia Schulz und Walter Holdt), um 1924.

setzte ein. Mitten auf der Bühne stand, die Glieder gespreizt, eine zunächst regungslose Gestalt. Kopf, Rumpf und Gliedmaßen in aneinandergereihten bunten Kuben verborgen. Ein bizarres Bauwerk aus bunten Pappschachteln. Nur das Glitzern des Scheinwerferlichts verriet, dass darunter ein Mensch angestrengt atmete.« In der zeitgenössischen Presse fand sich vereinzelt großes Lob für das innovative Potenzial ihrer Tänze, was unter anderem zu Auftritten in den populären Revuen des Cabarets Die Jungfrau am Jungfernstieg führte.

»Es wird sich mancher unter ihnen [den Zuschauern] gewundert haben, dass wir unsere künstlerischen Darbietungen oder Veranstaltungen unentgeltlich geben. Man kann Geistiges nicht für Geld verkaufen. Geist und Geld sind zwei feindliche Pole, und wenn man Geistiges für Geld verkauft, so hat man den Geist an das Geld verkauft und hat den Geist verloren.«

LAVINIA SCHULZ

Lavinia Schulz verstand ihren Maskentanz als »reine Kunst des Geistes« und betrachtete das Auftreten gegen Gage prinzipiell als Verrat. Die geringen Beträge, die das Paar an Eintritt kassierte, wurden komplett in die Produktion der Masken investiert. So viel Idealismus zog zwangsläufig Finanznöte nach sich. Um das Schlimmste abzuwenden, spielte Holdt zusammen mit Stuckenschmidt in einer Jazzband auf der Reeperbahn im Nachtclub Alkazar, während seine Frau – zwischenzeitlich hatten beide heimlich, gegen den Willen der Eltern, geheiratet – allein an den Masken arbeitete. Sie heizten ihre Kellerwohnung nicht, ernährten sich von Gemüsesuppe und Tee und schliefen in Hängematten unter Pferdedecken. Erschwerend kam schließlich hinzu, dass Lavinia Schulz 1923 durch eine Schwangerschaft arbeitsunfähig wurde und die darauffolgende Geburt ihres Sohnes der Disziplin des jungen Vaters offenbar sehr schadete: Während das Neugeborene die volle Energie der ohnehin erschöpften Mutter forderte, verbrachte Holdt die Nächte in den Szenelokalen der Stadt. Insofern war eine Ehekrise unabwendbar – sie endete mit einem großen Knall: »Heute morgen«, stand am 18. Juni 1924 im *Hamburger Fremdenblatt*, »erschoss die 28-jährige Ehefrau Lavinia Holdt ihren 25 Jahre alten Ehemann, den Artisten Walter Holdt. Kurz nach 7 Uhr morgens kam Frau Holdt in eine im Hptr. [Hochparterre] gelegene Wohnung und erklärte dort, sie habe ihren Mann erschossen. Dann ging Frau Holdt wieder in ihre im Parterre gelegene Wohnung und gleich darauf hörte man einen Schuss. Die herbeigerufene Polizei fand die Frau im Vorraum des Schlafzimmers mit einer Kopfschussverletzung noch lebend am Boden, während der Mann tot im Bett lag.«

Der Sohn blieb unversehrt, Lavinia Schulz jedoch starb einige Stunden später im Krankenhaus. Ihre einzigartigen Tanzmasken sind, nach einem jahrzehntelangen Dornröschenschlaf in unscheinbaren Transportkisten, heute berühmt, sie gehören zum Bestand des Museums für Kunst und Gewerbe in Hamburg und haben es bis nach Paris geschafft: Ende 2011 zur Ausstellung »Danser sa vie« im Centre Pompidou.

JOSEPHINE BAKER

»ICH WAR NICHT WIRKLICH NACKT.
ICH HATTE NUR KEINE KLEIDER AN.«

JOSEPHINE BAKER

D ie erste Bühnenprobe für die *Revue Nègre* am Théâtre de Champs-Élysées sollte Josephine Baker nie vergessen. Es war so heiß an jenem Tag im September 1925, dass sowohl das Shooting der Standfotos als auch die Eintanzübungen auf das Dach des Theaters verlegt wurden. Zahllose neugierige Blicke aus der Nachbarschaft zog die neunzehnjährige schwarze Tänzerin aus Amerika auf sich, als sie im eng anliegenden Trikot zu Takten laut tönender Jazzmusik umhersprang und dabei wilde Mienenspiele vollführte. Im Bühnensaal, wo die Probe dann fortgesetzt wurde, tanzte Josephine Baker schließlich ihren ersten Charleston auf europäischem Boden – und riss sogleich alle Anwesenden mit: »Der Saal ist dunkel, die Bühne erhellt«, beschrieb sie die Szenerie. »In der ersten Sesselreihe sitzen zwanzig Personen. Hallo! Charleston: die Bühnenarbeiter sehen zu, die beiden Feuerwehrleute staunen. Sie sind nicht daran gewöhnt, Posaunenstöße in den Bauch versetzt zu bekommen. Schließlich versuchen die Jüngsten hinter den Kulissen es nachzumachen. Sie möchten auch Charleston tanzen:

Josephine Baker auf der Bühne des Casino de Paris
in der Show *Paris Qui Remue*, 1930.

sie schütteln schlotternde Beine, sie geben der Luft und auch den Kameraden bestialische Fußtritte. Das ganze Personal des Hauses ist heimlich herbeigekommen [...], die zwei Feuerwehrleute schmunzeln unter ihren Helmen, die zwanzig Menschen in der vordersten Reihe wackeln mit den Beinen. Schon hat der Charleston sie gepackt: sie haben alle Ameisen in den Waden. Yes, Sir, that's my baby.«

Für ihr »Baby«, den Charleston, hat Josephine Baker zweifelsohne brillante Pionierarbeit geleistet. Ganz Paris war nach ihren Auftritten in der *Revue Nègre* auf den Beinen und bevölkerte die Tanzflächen seiner Clubs und Szenelokale, um sich den smarten neuen Trend zu erschließen, der nicht nur in Amerika zum Wahrzeichen einer ganzen Generation werden sollte. In Paris wurde die junge Jazztänzerin aus St. Louis weltbekannt, erste Erfolge hatte die uneheliche Tochter einer schwarzen Wäscherin und eines Weißen aber schon als Jugendliche in New York gehabt. 1921, im Alter von fünfzehn, war sie zum Ensemble der Revue *Shuffle Along* gestoßen – jener Show, die schwarze Tänzer und Musiker an den Broadway brachte und damit das amerikanische Varieté revolutionierte. Zunächst stellte man sie dort als Garderobiere an; als sich eine Tänzerin verletzte, sprang sie ein – und tanzte die anderen Darstellerinnen förmlich an die Wand: Grimassen schneidend glitt sie über das Parkett und brachte die Choreografie immer wieder kräftig durcheinander. Im Gegensatz zu ihren Mittänzerinnen, denen sie die Show stahl, war das Publikum von ihrer Performance äußerst angetan. Zwei Jahre lang blieb sie bei *Shuffle Along*, bis das Musical abgesetzt wurde und die Komponisten der Revue, Eubie Blake und Noble Sissle, ihr ein neues Angebot machten: eine Hauptrolle in der neuen Broadway-Show *The Chocolate Dandies* für beachtliche 125 Dollar wöchentlich.

Obwohl die neue Revue nur mäßig erfolgreich war, bedeutete sie für Josephine Baker in New York einen Durchbruch: Die Presse verriss die Show, nahm dabei aber »das komische kleine Girl [aus], dessen Blick allein zur Synkope wurde und dessen leiseste

Plakat, für das der Gestalter
Josephine Bakers Gepard, genannt Chiquita,
als Modell wählte.

Bewegung zum Blues«, wie ein verzückter Rezensent schrieb. Zwischenzeitlich war sie nach Harlem gezogen, neben Greenwich Village *das* Musikerviertel New Yorks, dessen legendäre Jazzlokale – unter ihnen der Cotton Club, in dem Duke Ellington spielte – den Smart Set und die Bohemiens der Stadt ebenso anzogen wie die Flüsterkneipen entlang der Lenox Avenue. Mit einer Solonummer tanzte Josephine Baker 1925 im populären Plantation Club am Broadway – in derselben Show, in der die Sängerin Ethel Waters auftrat, der Star des Clubs und später einer der größten Stars der Jazzmusik überhaupt. Regelmäßiger Gast im Plantation Club war damals die Pariser Theateragentin Caroline Dudley. Dudley war nach New York gereist, um Musiker und Tänzer für die neue *Revue Nègre* in Paris anzuwerben; nachdem sie von Ethel Waters einen Korb bekommen hatte, wandte sie sich spontan an Josephine Baker und war erfolgreich – vornehmlich deshalb, weil die Tänzerin die konsequent praktizierte Rassentrennung in ihrer Heimat leid war: Vier Jahre lang hatte sie zu spüren bekommen, dass Benachteiligungen wegen der Hautfarbe auch im liberalen New York zum Alltag gehörten. Als Schwarzer war es ihr verboten, bestimmte Clubs und Geschäfte Central Manhattans zu betreten oder im Theater ihren Platz frei zu wählen. »Ich kannte den Eiffelturm von einer Postkarte«, begründete sie ihren Schritt später. »Natürlich hatte er keine symbolische Bedeutung wie die Freiheitsstatue. Aber was nützt die Freiheitsstatue, wenn es keine Freiheit gibt, wenn ich manche Lokale nicht betreten darf.« Kurz entschlossen nahm sie das Angebot der Agentin aus Paris an – nicht ohne ihre Gage zuvor beträchtlich in die Höhe gehandelt zu haben.

Josephine Baker war eine von vielen Frauen, die New York verließen, um in Paris ihr Glück zu suchen – und es in den meisten Fällen auch fanden, wie die Viten Gertrude Steins, Janet Flanners, Elsa Schiaparellis und anderer bezeugen; im Gegensatz zu diesen besaß das ›Revuegirl‹ vom Broadway zunächst kaum Kontakte in der Seine-Metropole, die ihr den Start ins neue Leben erleichtert hätten – mit Ausnahme der schwarzen Sängerin Ada Smith, die sich »Bricktop« nannte und in Harlem mit wechselndem Erfolg in zahlreichen Nachtclubs aufgetreten war, bevor sie 1924 nach Paris zog. Binnen kürzester Zeit war Smith dort zum Star des Cabaret-Cafés Le Grand Duc am Montmartre geworden, eines beliebten Treffpunkts der Avantgarde, insbesondere der Exil-Amerikaner um Hemingway, Cole Porter und Zelda und Scott Fitzgerald. Die zehn Jahre ältere Freundin nahm Josephine Baker unter ihre Fittiche, mit Bricktop besuchte sie die Charleston-Partys, die Cole Porter regelmäßig in seiner Villa in der Rue Monsieur gab, unterwies dessen Gäste in der Kunst des neuen Tanzens und knüpfte Kontakte zur Pariser Musiker- und Künstlerszene. Für das vom Grafiker Paul Colin gestaltete, aufsehenerregende Werbeplakat der *Revue Nègre*, das überall in der Stadt ausgestellt wurde, posierte sie erstmals nackt; Colin wurde einer ihrer besten Freunde und eine Zeit lang auch ihr Liebhaber. Auch auf der Bühne agierte sie nahezu unbekleidet, bei abendlichen Empfängen und Festessen hingegen trug sie die Modelle des Couturiers Paul Poiret. Josephine Baker begann in Paris Fuß zu fassen; dennoch wäre ihre Zeit an der Seine beinahe zum Intermezzo geworden, denn auch in Berlin fing man an, die exaltierte Tänzerin leidenschaftlich zu umgarnen.

»Viele Frauen sind nur auf ihren guten Ruf bedacht;
aber die anderen werden glücklich.«
JOSEPHINE BAKER

Seit dem Beginn der Zwanzigerjahre war Berlin neben Paris die Hochburg und Metropole des Tanzes; die Theater, Varietés und Tanzlokale der Stadt hatten beständig Hochkonjunktur. Das Gastspiel der *Revue Nègre* 1926 im Nelson-Theater am Kurfürstendamm begeisterte die Zuschauer: Sämtliche Vorstellungen waren ausverkauft, und die *Berliner Illustrierte Zeitung* feierte Josephine Baker als Ikone des expressionistischen Tanzes. Nachtschwärmende Bohemiens der Stadt konnten auch atemberaubende Auftritte nach ihren Shows bewundern, wie die Erinnerungen Harry Graf

Josephine Baker in ihrem Ankleidezimmer
im Casino de Paris, 1930.

Kesslers an eine Abendgesellschaft im Haus des Dandys Karl Gustav Vollmoeller belegen: »Ich fuhr also zu Vollmoeller in seinen Harem am Pariser Platz«, schrieb er, »u. fand dort [...] zwischen einem halben Dutzend nackter Mädchen auch Miss Baker, ebenfalls bis auf einen rosa Mull Schurz völlig nackt, und die kleine Lanshoff [...] als Junge im Smoking. Die Baker tanzte mit äußerster Groteskkunst und Stilreinheit [...]. Die nackten Mädchen lagen oder tänzelten zwischen den vier oder fünf Herren im Smoking herum und die kleine Lanshoff, die wirklich wie ein bildschöner Junge aussieht, tanzte mit der Baker moderne Jazztänze zum Grammophon.« Kessler war so begeistert vom Tanz Josephine Bakers mit Vollmoellers Geliebter, der Schauspielerin Ruth Landshoff, dass er dem Star der *Revue Nègre* umgehend die Hauptrolle in einer Tanzpantomime anbot. Auch Max Reinhardt, Intendant des renommierten Deutschen Theaters und ebenfalls zu Gast bei Vollmoeller, wollte sie unbedingt für sein Ensemble verpflichten und meinte: »Mit solcher Körperbeherrschung, solcher Pantomime glaube ich Emotion darstellen zu können, wie sie noch nie dargestellt wurde.« Fast wäre die Tänzerin dem Ruf der Koryphäen der Berliner Bühnenszene gefolgt und dortgeblieben – der Umstand, dass sie in Paris schon den Vertrag für eine neue Revue unterschrieben hatte, hielt sie schließlich davon ab.

Bei den Folies Bergère bot Josephine Baker ab 1926 ihre berühmten Nacktänze im Bananenröckchen dar. Das Varietétheater an der Rue Richer war in Paris eine Institution. Die Shows wurden über Monate geprobt, hunderte Mitarbeiter und über tausend Kostüme kamen zum Einsatz. Josephine Baker war zur höchstbezahlten Tänzerin der Stadt aufgestiegen und der Topstar der Revue. Von der Rue Fromentin am Montmartre zog sie zunächst an den Parc Monceau und später in eine große Wohnung an der noblen Avenue Pierre-ler-de-Serbie. Der junge Schriftsteller Georges Simenon, mit dem sie eine Affäre hatte, arbeitete eine Zeit lang als Sekretär und Manager für sie – eine Aufgabe, die kurz darauf der sizilianische Lebemann Pepito Abatino übernahm, den Josephine Baker im Juni

1927 heiratete. Am Montmartre eröffnete sie den Nachtclub Chez Josephine, dort tanzte sie im Anschluss an ihre Revuevorstellungen nachts weiter; für das populäre Schallplattenlabel Odéon nahm sie gleich mehrere Jazz-Songs auf. Paul Poiret kleidete sie auch weiterhin ein, und in der Garderobe ihres Nachtclubs hingen Fotos von ihr aus sämtlichen Illustrierten der Stadt. Paris würde sie »mit Beifall überschütten«, schrieb sie in ihren Memoiren, die bereits 1927 erschienen. Wie sehr Josephine Baker die Stadt ans Herz gewachsen war, sollte ihr nach den Skandalen während ihrer Tournee durch Europa im Jahr 1928 bewusst werden: In Wien und Budapest lösten ihre Shows wegen »Verletzung öffentlichen Anstandes« – zum erheblichen Teil rassistisch motivierte – Proteste aus; in Prag musste sie vor einem aufgebrachten Mob gar auf das Dach ihrer Limousine flüchten, und in München und anderen Metropolen wurden ihre Auftritte von vornherein verboten – prägende Erfahrungen, die dazu beitrugen, dass sie sich später vehement für Toleranz und Bürgerrechte einsetzte. Zurück in Paris, wurde sie 1930 als Hauptdarstellerin – als »Schwarze Venus« – einer Revue im glamourösen Casino de Paris engagiert. Henri Varna, der geschäftstüchtige Produzent der Show, schenkte seinem Star einen Gepard, der zum ständigen Begleiter Josephine Bakers wurde und für zusätzliche Publicity sorgte. Wenn sie mit Chiquita, wie die Raubkatze hieß, durch die Straßen flanierte, jubelten die Menschen ihr zu. In Paris mochte man solche Verrücktheiten und schätzte Josephine Baker sehr – was vollkommen auf Gegenseitigkeit beruhte: »Ich habe Paris sofort begriffen und ich liebe es leidenschaftlich«, hatte sie bereits 1927 geschrieben. »Und ich hoffe, es liebt mich. Paris ist Tanz und ich bin Tänzerin!«

Josephine Baker, 1925, Fotografie von Dora Kallmus.

ABENTEUER

UND

SPORT

in Artikel, der zu Beginn der Dreißigerjahre in der *New York Times* erschien, bekräftigte den Wandel, den das Idealbild der zeitgemäßen Frau im Laufe des vorangegangenen Jahrzehnts – in Amerika wie in Europa – durchlaufen hatte. »Jede Beschreibung des idealen modernen Mädchens«, hieß es, »muss zwangsläufig beinhalten, dass es gut in Outdoor-Sportarten ist. Ausgreifender Schritt, kräftige Arme, sonnengebleichtes Haar und gebräunte Haut sind Teil des Bildes seiner [...] Schönheit. Heutzutage zeigt jedes Gruppenfoto von weiblichen Schwimmern, Golfern, Tennisspielern und Fliegern ein überdurchschnittliches Maß an gutem Aussehen.« Obgleich bei Weitem nicht alle Athletinnen und Motorsportlerinnen der Zwanzigerjahre Topmodels waren – wie es der Bericht der *New York Times* impliziert –, erfüllten sie eine typische Identifikationsfunktion. Der Sport war zu einem bestimmenden Element des gesellschaftlichen Lebens avanciert; sportliche Frauen wurden zu Vorbildern und eroberten die Titelseiten der Illustrierten und Magazine im gleichen Maße, in dem dies Film- oder Revuestars taten. Sportlerinnen wie die Amerikanerin Gertrude Ederle, die 1926 als erste Frau den Ärmelkanal durchschwamm, oder die Wimbledon-Seriensiegerin Suzanne Lenglen fanden sich ebenso in der *Vogue*, der *Eleganten Welt* oder in *Vanity Fair* abgebildet wie etwa die Motorradfahrerin Hanni Köhler, die als einzige Frau in Männerklassements Erfolge auf der Berliner Avus feierte, oder die Fliegerin Amelia Earhart. Vereinzelt wurden sie sogar zu Sexsymbolen, wie die Tennisspielerin Helen Wills, von der eine Zeitung schrieb, dass praktisch jeder Mann in Amerika in sie verliebt sei.

Für eine angemessene Außendarstellung des wendigen, sportlichen Frauentyps sorgten namentlich die Modeschöpfer: Die Frau auf Skiern, die Frau beim Tennis oder die Frau beim Schwimmen – Elsa Schiaparelli, Jean Patou und andere entwarfen Kreationen, die optisch bahnbrechend waren und den Frauen außerdem die Bewegungsfreiheit verschafften, die sie für die neuen Aktivitäten benötigten. Am signifikantesten für die Roaring Twenties war jedoch die modebewusste Frau am Steuer. Das Automobil verkörperte gerade für das weibliche Geschlecht *das* Symbol für Unabhängigkeit, Mobilität und Freiheit, und die Automobilindustrie hatte Frauen bald nicht mehr allein als Werbeträgerinnen im Visier, sondern auch als Kundinnen: Damenwertungsfahrten wurden organisiert, Damen-Automobilclubs gegründet und Wettbewerbe wie die äußerst populären Berliner Avus-Rennfahrten für Frauen zugänglich gemacht – mit der Folge, dass Clärenore Stinnes ihre männlichen Konkurrenten dort regelmäßig weit hinter sich ließ.

»Tu niemals Dinge, die andere tun können und tun werden. Tu lieber Dinge, die andere niemals tun können und niemals tun werden.«

AMELIA EARHART

Neben die ausgeprägte Eleganz, mit der die weiblichen Sportstars der Zwanzigerjahre ihre Disziplinen repräsentierten, traten Eigenschaften, die nicht minder charakteristisch waren: Pioniergeist und Draufgängertum. Die athletischen Herausforderungen, die Lust auf Höchstleistungen und Rekorde und – im Falle der Motorsportlerinnen – der Rausch der Geschwindigkeit sowie eine nahezu fanatische Technikbegeisterung waren Beweggründe für sportliche Großtaten, die viele Zeitgenossinnen darin bestärkten, mit Konventionen zu brechen und ihren Idolen nachzueifern: So trat beispielsweise die leidenschaftliche Autofahrerin Erika Mann in die Fußstapfen von Clärenore Stinnes und fuhr 1931 als Siegerin einer Europa-Rallye über 10 000 Kilometer – in schicker Ledermontur – am Kurfürstendamm ein. Ein paar Jahre darauf sollte Ella Maillart, die überdies begnadete Skiläuferin war und sogar im Schweizer

Nationalteam fuhr, für Furore sorgen, indem sie mit Annemarie Schwarzenbach in einem Ford Cabrio von Genf aus nach Kabul aufbrach. »Schon das Abenteuer an sich ist der Mühe wert«, schrieb Amelia Earhart an die Adresse vieler Frauen gerichtet, die nach ihr in die Flugzeuge und nach Clärenore Stinnes in die Automobile stiegen, um ungeahnte Distanzen zu überwinden und fremde Länder zu erkunden. Die ›Draufgängerinnen‹ Earhart und Stinnes hatten nicht nur Spaß; sie hatten auch Visionen: Sie zeigten, dass sich die Welt vernetzen ließ und damit für jeden – insbesondere für die Frauen – in greifbare Nähe geriet.

AMELIA EARHART

～ 1897 – 1937 ～

»FÜR MICH BEDEUTETE DAS FLIEGEN NICHTS ANDERES, ALS EINFACH SPASS ZU HABEN.«

AMELIA EARHART

Der zweisitzige Doppeldecker der Marke Kinner Airster, der Mitte 1921 in Los Angeles für 2000 Dollar den Eigentümer wechselte und auf den Namen »Canary« getauft wurde, sah ziemlich klapprig aus; aber für Amelia Earhart, seine neue Besitzerin, war es Liebe auf den ersten Blick, daran änderten selbst die Vorbehalte ihrer Fluglehrerin Neta Snook nichts. Obwohl erst wenige Unterrichtsstunden absolviert waren, konnte die vierundzwanzigjährige Fluganfängerin es kaum erwarten, mit dem leuchtend gelben Vogel abzuheben. Snook stellte jedoch schnell fest, dass das Flugzeug selbst für ausgebildete Piloten nicht leicht zu fliegen war. Erst spät, nach etlichen gemeinsamen Flugübungen und mit gemischten Gefühlen, ließ sie die Schülerin ans Steuer der »Canary«. Wie sich herausstellen sollte, war ihre Skepsis angebracht: Während eines Fluges fiel plötzlich einer der Zylinder aus, bei dem Versuch einer Notlandung streifte die Maschine zunächst die Kronen einiger Bäume, bevor dann beim Aufsetzen Fahrgestell und Propeller zu Bruch gingen. Erschrocken kletterte Snook aus dem Flugzeug und sah sich nach ihrer Schülerin um – Amelia Earhart war nichts passiert, ungerührt puderte sie sich die Nase, weil sie, wie sie meinte, gut aussehen wolle, wenn gleich die Sensationsreporter einträfen.

Amelia Earhart vor ihrem Flugzeug, 1932.

Öffentlichkeitswirksame Auftritte lagen der mode- und Stilbewussten Amelia Earhart bereits als junger Flugschülerin. Stets ruhten die Blicke der Mechaniker und Piloten auf ihr, wenn sich die attraktive, hochgewachsene Frau in Reithose und -stiefeln, Lederjacke, Seidenschal, Helmmütze und Schutzbrille ins Cockpit schwang und aufstieg. Sie war die erste Frau, die sowohl als Fliegerin zur Legende wurde – wozu nicht zuletzt ihr mutmaßlicher Absturz, ihr spurloses Verschwinden über dem Pazifik auf den Schlussetappen eines Weltumrundungsversuchs im Jahr 1937 beitrug – als auch als Mode- und Medienstar Karriere machte. Zu Beginn ihrer Laufbahn waren Aussehen und Outfit allerdings noch nicht so entscheidend wie die Fähigkeiten am Steuerknüppel. Dass das in Kansas geborene Mädchen einmal Charles Lindbergh Konkurrenz machen und als erste Frau – und zweiter Mensch überhaupt – nonstop den Atlantik überfliegen sollte, war in erster Linie dem ›Leichtsinn‹ ihres Vaters Edwin Earhart zu verdanken. Ende 1920 hatte der in ihrem Wohnsitz Los Angeles niedergelassene Anwalt seiner Tochter während einer Flugschau für zehn Dollar einen Rundflug in der Maschine des populären Kunstfliegers Frank Hawks spendiert. »Sobald wir den Boden verlassen hatten«, so Amelia Earhart, »wusste ich, dass ich fliegen musste.« Sie brach ihr Medizinstudium ab und begann schon ein paar Tage später mit dem Flugunterricht – ein kostspieliges Unterfangen, 28 verschiedene Jobs trat sie innerhalb eines Jahres an, um die Pilotenausbildung zu finanzieren; es sollte sich auszahlen: Im Dezember 1921 erhielt sie die Lizenz der National Aeronautic Association und eineinhalb Jahre später die Zulassung der Fédération Aéronautique Internationale.

Obgleich sie ihre Leidenschaft zum Beruf gemacht hatte, war der Broterwerb allenfalls zweitrangig; Gagen auf Flugschauen motivierten Amelia Earhart weitaus weniger als jede sportliche Herausforderung. Bereits 1922 stellte sie einen Rekord auf: Als erste Frau erreichte sie eine Flughöhe von 14000 Fuß, und ohne Zweifel wären weitere Höchstleistungen gefolgt, wenn familiäre Probleme ihre Karriere nicht auf Eis gelegt hätten: Nachdem ihr Vater sich bei der Anlage des ohnehin bescheidenen Familienvermögens verspekuliert hatte und darüber hinaus sein Alkoholproblem nicht in den Griff bekam, reichte ihre Mutter Amy die Scheidung ein. Schweren Herzens verkaufte Amelia Earhart darauf die »Canary« und fuhr mit der Mutter in einem knallgelben Sportwagen der Marke Kissel von Los Angeles quer durch Amerika zur Schwester Muriel nach Boston, wo sie sich niederließen und Amelia eine Stelle als Sozialarbeiterin annahm. Durch ihr auffälliges Automobil wurde sie rasch zur lokalen Berühmtheit: »Die Tatsache«, schrieb sie später in ihrem autobiografischen Buch *The Fun of It*, »dass mein Sportwagen von einem fröhlichen Kanariengelb war, verursachte eine Menge Aufregung. In Kalifornien war es normal, doch hier in Boston, so fand ich heraus, war es höchst extravagant.«

»Sie hat der Sache der Frauen gedient, indem sie ihnen das Gefühl vermittelte, dass es nichts gäbe, was Frauen nicht tun könnten.«

ELEANOR ROOSEVELT

Ein ambitioniertes Projekt der ebenso wohlhabenden wie flugbegeisterten Ministergattin Amy Phipps Guest war schließlich dafür verantwortlich, dass Amelia Earhart ihre Laufbahn als Fliegerin nach mehrjähriger Unterbrechung fortsetzen konnte. Genau ein Jahr nach der Pioniertat Lindberghs bereitete Guest den ersten Transatlantikflug einer Frau, eines ›American Girl‹ – als Passagierin – vor. Sie hatte bereits ein Flugzeug gekauft und den geschäftstüchtigen Verleger George Palmer Putnam mit der Vermarktung des Vorhabens betraut. Ihm schwebte eine Kandidatin vor, die nicht nur vom Fach, sondern auch medial ansprechend und noch dazu in der Lage war, das Abenteuer durch eine Publikation zu dokumentieren. Putnam, der Ende 1927 bereits mit Erfolg Lindberghs Bericht *We* verlegt hatte, fragte bei Amelia Earhart an – und rannte wie erwartet offene Türen ein. Am 17. Juni 1928 hob sie zusammen mit dem Piloten Wilmer Stultz und einem Mechaniker an Bord einer Fokker

in Neufundland ab, um nach *Zwanzig Stunden und vierzig Minuten*, so der Titel ihres kurz darauf in Putnams Verlag erschienenen Buches, an der walisischen Küste zu landen.

Der Publicityrummel, der darauf folgte, war riesig und von Putnam intelligent dirigiert. In London und New York fanden große Paraden und Empfänge statt, die Aufmerksamkeit der Presse fokussierte sich dabei ganz auf Amelia Earhart: »Sie sieht eigentlich mehr wie Lindbergh aus als Lindbergh selbst«, hatte die *New York Times* in Anspielung auf die äußerliche Ähnlichkeit beider bereits vor ihrem Abflug geschrieben, was die Medien unmittelbar aufgriffen und sie »Lady Lindy« nannten. Putnam trat nun offiziell als ihr Manager auf und vermarktete seinen Schützling geschickt. Amelia Earhart warb für Zigaretten und Kaugummis und schrieb

Amelia Earhart wird nach ihrer zweiten
Atlantiküberquerung von Schaulustigen bei der nordirischen Ortschaft
Londonderry umlagert, 1932.

Kolumnen in der *Cosmopolitan*; der Starfotograf Edward Steichen lichtete sie für *Vanity Fair* und *Vogue* ab, und sie wurde zur Präsidentin des Pilotinnenverbandes The Ninety-Nines gewählt. Trotz zahlreicher PR-Verpflichtungen kam auch der Flugsport nicht zu kurz: Noch 1928 flog sie, mit zahlreichen Zwischenstopps, quer durch die USA und stellte nebenbei neue Geschwindigkeits- und Höhenrekorde auf. Obgleich der Erfolg überwältigend war, gab es etwas, was ihn ihrem Gefühl nach trübte: bei der Atlantiküberquerung nur in der Passagierrolle gewesen zu sein.

Anfang 1932 weihte Amelia Earhart Putnam, den sie zwischenzeitlich – nach seinem sechsten Antrag – geheiratet hatte, in ihren Plan ein, abermals nach Europa zu fliegen; diesmal allerdings als Pilotin am Steuer und solo. Mit zwei Halstüchern, einer Zahnbürste, Tomatensaft und Sandwiches im Gepäck startete sie am 20. Mai 1932, auf den Tag genau fünf Jahre nach Lindberghs Flug, im Cockpit einer signalroten Lockheed Vega im neufundländischen Harbor Grace. Unterwegs fielen sowohl der Höhen- als auch der Geschwindigkeitsmesser aus, doch sie bewahrte Ruhe und landete knapp fünfzehn Stunden später sicher an der nordirischen Küste. Die nachfolgende Triumphtour führte sie durch die Metropolen Europas über New York bis nach Washington ins Weiße Haus. Erneut war das Presseaufkommen gigantisch; und wie schon vier Jahren zuvor begegnete sie der immer wiederkehrenden Frage der Reporter, was ausgerechnet eine Frau zu solchen Glanzleistungen antreibe, trocken mit der Feststellung: »Es gibt keinen fundamentalen Unterschied zwischen Mann und Frau, der verhindern könnte, dass Frauen beim Fliegen dieselbe Freude haben können wie Männer.«

SUZANNE LENGLEN

～ 1899 – 1938 ～

»EIN ZU-NULL-SATZ HATTE FÜR SIE DIE GLEICHE
BEDEUTUNG, DIE EIN MALER SEINEM MEISTERSTÜCK
BEIMASS. JEDES ASS, DAS SIE SERVIERTE, GLICH EINEM
PINSELSTRICH, UND IHRE PRÄZISE SCHLAGTECHNIK
ENTSPRACH DER KOMPOSITION EINES KUNSTWERKS.«

JANET FLANNER ÜBER SUZANNE LENGLEN

Verwundert rieben sich die Zuschauer auf den Rängen und in der Königsloge die Augen, als Suzanne Lenglen am 1. Juli 1921 auf dem Centre Court von Wimbledon zur Titelverteidigung antrat: Die zweiundzwanzigjährige Französin wagte sich in einem knielangen Seidenrock ohne Unterrock, in weißen Strümpfen, dekolletiert, mit entblößten Oberarmen und reichlich Make-up auf den »heiligen Rasen«. Angesichts dieses Affronts gegen die strenge viktorianische Kleiderordnung geriet sogar ihr überragender 6:2- und 6:0-Sieg gegen die Herausforderin, die Amerikanerin Elizabeth Ryan, zur Nebensache.

Mit ihrem Auftritt brachte Suzanne Lenglen den Glamour in die Welt des »Weißen Sports«; ihr Tennisdress war eine Schöpfung des Couturiers Jean Patou – und zeichnete sich durch weitere überraschende Accessoires aus: »Über ihrem Tenniskostüm trug

Suzanne Lenglen um 1924
in ihrem aufsehenerregenden Tennisdress.

sie einen weißen Pelzmantel«, berichtete der amerikanische Champion und Sieger des Herrenklassements in Wimbledon, Bill Tilden, »und um ihren Kopf ein Tüllband, das so flammend rot war, dass ich inständig hoffte, in der Nachbarschaft würde sich gerade kein Bulle aufhalten.« Mindestens so spektakulär wie das Outfit Suzanne Lenglens war ihre dynamische Spielweise: »Ihr Volley ist pfeilschnell«, schrieb der Reporter A. E. Crawley begeistert. »Und wie der Pfeil eines Bogens ist Suzanne selbst. [...] Sie ist die Diana des Tennis.« Die Euphorie des britischen Journalisten war durchaus angemessen – zwischen 1919 und 1925 gewann die »Göttliche«, wie sie von der zeitgenössischen Presse genannt wurde, allein in Wimbledon fünfzehn Titel, darunter sechs Einzeltitel, holte zwei Goldmedaillen bei Olympischen Spielen und wurde zu einem der ersten weiblichen Weltstars des Sports.

Dabei war die beachtliche Karriere der Suzanne Lenglen ursprünglich aus der Not geboren: Seit ihrer Kindheit litt die Tochter einer gut situierten Familie aus der nordfranzösischen Stadt Compiègne unter starkem Asthma, was ihren Vater, den Geschäftsmann Charles Lenglen, dazu bewog, sie zur Förderung ihrer Gesundheit in Tennis zu unterrichten – einer Sportart, die er selbst leidlich beherrschte. Sehr zur Freude des Vaters erwies sich das Mädchen als hochtalentiert und wurde bald darauf Mitglied eines traditionsreichen Tennisclubs in Nizza, wo die Lenglens ein Feriendomizil besaßen. Der ehrgeizige Charles Lenglen organisierte das Training und managte seine Tochter, die schon 1914 bis ins Finale der französischen Meisterschaften kommen und 1919 – nach einer unfreiwilligen Unterbrechung ihrer Laufbahn durch den Weltkrieg – erstmals in Wimbledon gewinnen sollte.

Suzanne Lenglen besaß nicht nur Talent, sie war auch äußerst perfektionistisch. Ihr Siegeswille war legendär und inspirierte neben den Sportjournalisten auch die Schriftsteller jener Zeit: »Vermutlich gewann er genauso gern wie, sagen wir, die Lenglen«, schrieb Hemingway über einen ruhmsüchtigen Protagonisten seines Romans *Fiesta*. Tatsächlich kam etwas anderes, als den

Tennismode von Patou, aus der
Art Gout Beauté, um 1925.

Platz als Siegerin zu verlassen, für die »Göttliche« nicht infrage; Gewinnen war für sie eine Selbstverständlichkeit. Von Reportern nach ihrer Taktik gefragt, antwortete sie: »Ich denke, ich habe gar keine. Ich konzentriere mich auf nichts anderes als mein Spiel und versuche mit aller Kraft, den Ball dorthin zu schlagen, wo mein Gegner nicht steht.« Dabei griff sie, wenn es nötig war, auch zu unkonventionellen Mitteln: In den Spielpausen trank sie zur Stimulierung gezuckerten Cognac und fluchte mitunter lauthals, wenn ein Schlag misslang. Dem Erfolg war dies offenkundig zuträglich, in den Jahren zwischen 1919 und 1925 gewann Suzanne Lenglen alle Einzel, die sie spielte – mit Ausnahme eines Matches, in das sie im Sommer 1921 nach einem Asthmaanfall schwer angeschlagen gegangen war: gegen die Lokalmatadorin Molla Mallory bei den US Open in Forest Hills. »Mlle. Lenglen war nicht sie selbst in dem Spiel«, kommentierte die *New York Times* und hielt der Französin immerhin noch ihre Krankheit zugute. Andere Blätter waren nicht so gnädig und kreierten den Slogan »cough and quit«, der darauf basierte, dass sie das Match nach dem Verlust des ersten Satzes hustend aufgegeben hatte – was damals vielen Amerikanern fadenscheinig erschienen war. Suzanne Lenglen verarbeitete diese Niederlage auf ihre Weise – tanzend und Champagner trinkend in einem New Yorker Nachtclub. Die Revanche fand ein Jahr später im Finale von Wimbledon statt: Im Vollbesitz ihrer Kräfte schlug die »Göttliche« Mallory in zwei Sätzen und gab dabei lediglich zwei Spiele ab.

Zu aufsehenerregenden Auftritten Suzanne Lenglens kam es zunehmend auch abseits des Tennisplatzes. Auf den Galadiners der Hautevolee in Paris oder in Nizza, mittlerweile fester Wohnsitz der Starspielerin, erschien sie häufig an der Seite von Modeschöpfern oder in Begleitung zahlreicher junger Tennisspieler, die sie umschwärmten. Die *Vogue* und *Vanity Fair* brachten ganze Fotostrecken von ihr in den neuesten Kreationen Jean Patous, dessen bevorzugtes Model sie Mitte der Zwanzigerjahre war. Ihr Markenzeichen, der »Bandeau Lenglen«, wurde zum Erfolgsartikel der Modehäuser weltweit: Zigtausend Frauen trugen bunte

Tüllbänder über ihren Bubikopffrisuren, zum Tennis oder zu anderen Gelegenheiten. »Sie war die erste Athletin, die auch außerhalb ihres Sports als Star gefeiert wurde«, schreibt der Historiker Larry Engelmann und fügt hinzu, dass damals »für jeden ›Celebrity‹ ein Besuch an der französischen Riviera ohne eine Audienz bei Suzanne [...] wie ein Besuch in Rom ohne eine Audienz beim Papst [gewesen sei]«. Die Schauspieler Mary Pickford, Douglas Fairbanks und Rudolph Valentino sowie König Gustav V. von Schweden waren nur einige, die von der »Göttlichen« in ihrer Villa an der Côte d'Azur empfangen wurden.

»Meine Taktik? Ich denke, ich habe gar keine.
Ich konzentriere mich auf nichts anderes als mein Spiel
und versuche mit aller Kraft, den Ball dorthin
zu schlagen, wo mein Gegner nicht steht.«
SUZANNE LENGLEN

Eines ihrer letzten Matches im Turnierbetrieb bestritt Suzanne Lenglen im Februar 1926 in Cannes. Gegnerin war die zwanzigjährige Newcomerin Helen Wills aus Kalifornien, die schließlich die Thronfolge als weltbeste Tennisspielerin antreten sollte. Das öffentliche Interesse an diesem Spiel war enorm. Die Zuschauerränge waren prall gefüllt, es ging dort ebenso lebhaft zu wie auf den Dächern der umliegenden Gebäude, die unter der Last der Schaulustigen einzustürzen drohten. Nur mit Mühe konnte die Französin den Angriff der Jüngeren abwehren und in zwei engen Sätzen gewinnen. In dieser Partie realisierte Suzanne Lenglen, dass sie den Zenit ihrer Karriere erreicht hatte: »Ich habe dem Tennis in Frankreich und in der Welt zur Popularität verholfen. Jetzt ist es an der Zeit, dass das Tennis etwas für mich tut«, teilte sie einem Journalisten der *Associated Press* mit und bestritt in den Vereinigten Staaten eine Reihe hochdotierter Schaukämpfe – darunter einen in New York vor sage und schreibe 13 000 Zuschauern. Danach beendete Suzanne Lenglen ihre aktive Karriere, schrieb Lehrwerke

Suzanne Lenglen als Patou-Model, 1925.

und gründete Anfang der Dreißigerjahre in Paris eine Tennisschule, die sie bis zu ihrer tödlichen Leukämie-Erkrankung im Jahr 1938 leitete. Ihre Schüler dürften die Spielweise Suzanne Lenglens so in Erinnerung behalten haben, wie Janet Flanner sie in ihrem Buch *Paris Was Yesterday* beschrieb – als hohe Kunst: »Ein Zu-null-Satz hatte für sie [Suzanne Lenglen] die gleiche Bedeutung, die ein Maler seinem Meisterstück beimaß. Jedes Ass, das sie servierte, glich einem Pinselstrich, und ihre präzise Schlagtechnik entsprach der Komposition eines Kunstwerks.«

CLÄRENORE STINNES

~ 1901 – 1990 ~

»ICH HEISSE STINNES UND FAHRE IM AUTO UM DIE ERDE. NOCH FRAGEN?«

CLÄRENORE STINNES

S iebzehn Siege innerhalb von zwei Jahren – die Bilanz der Automobilsportlerin Clärenore Stinnes ist beeindruckend. Seit ihrem vierundzwanzigsten Lebensjahr fuhr die Tochter des einflussreichen Industriemagnaten Hugo Stinnes Rennen und gewann so große Wettbewerbe wie 1925 die »Allrussische Prüfungsfahrt« und, ein Jahr später, den Grand Prix von Deutschland auf der Berliner Avus. Ihre Erfolge machten sie zur populärsten deutschen Rennfahrerin ihrer Zeit. Doch je größer die Anzahl der Triumphe wurde, desto schneller verloren sie für sie an Reiz; an Routine war der abenteuerlustigen jungen Frau ganz und gar nicht gelegen. Clärenore Stinnes' ausgeprägter Pioniergeist verlangte nach einer, wie sie selbst meinte, »praktischen Verwertbarkeit« ihrer Virtuosität am Steuer und führte schließlich zu einem Vorhaben, das von der damaligen Presse als »Markstein in der Geschichte des Automobils« gefeiert werden sollte: »Ich beschloss, mit einem Auto, einem ganz gewöhnlichen Kasten mit vier Rädern und einem Motor,

---

Clärenore Stinnes nach der Überquerung
der peruanischen Anden, 1928.

wie ihn jedermann im Geschäft auch kaufen konnte, um die Welt zu fahren«, schrieb Clärenore Stinnes rückblickend und ließ keinen Zweifel daran, dass sie neben der sportlichen Herausforderung vor allem der gesellschaftliche Aspekt, der »praktische Wert für die Allgemeinheit«, motiviert hatte: »Die Fahrt sollte die Fähigkeiten eines modernen Fahrzeuges zeigen. Der Wagen, den ich wählen würde, sollte einer Prüfung unterworfen werden, wie sie in diesem Ausmaß bisher noch kein Auto bestanden hatte, zugleich aber als Pionier wirken, belehrend für die Bewohner der Gegenden, in denen ein Auto noch ein unbekannter Begriff war.«

Zu einer Zeit, in der es den meisten Ländern der Welt sowohl an Tankstellen als auch befahrbaren Straßen mangelte, musste das Projekt von Clärenore Stinnes als aussichtsloses Unterfangen erscheinen. Der Enthusiasmus, mit dem sie es anging, und die Zuversicht, die sie dabei ausstrahlte, wirkten auf die Zeitgenossen allerdings ebenso entwaffnend wie ihr öffentliches Auftreten insgesamt. »Sie trägt Hosen, ist klein und niedlich, wirkt wie eine Studentin, raucht in einem fort Zigaretten, und sie lacht gern und

Bestimmte Frauen fuhren in den 1920er Jahren ganz selbstverständlich Auto, wenn sie aus der entsprechenden Gesellschaftsschicht kamen. Titel aus der Zeitschrift *Die Dame*, erstes November-Heft 1928.

viel«, beschrieb ein Journalist die selbstbewusste Garçonne mit dem modischen Pagenkopfschnitt und Krawatte. Schon in ihrer Kindheit in Mülheim an der Ruhr hatte sich Clärenore Stinnes tradierten Rollenbildern verweigert, gegen die Absichten der Lehrkräfte ihres Lyzeums, »brave kritiklose junge gebildete Mädchen« aus den Schülerinnen zu machen, aufbegehrt und gegen Ungerechtigkeiten ihres Schuldirektors – dank des Einflusses von Hugo Stinnes erfolgreich – rebelliert.

Sehr viel wohler als in der Schule fühlte sich das Mädchen an der Seite des Chauffeurs seines Vaters, dem es bei kleineren Reparaturarbeiten an den familieneigenen Fahrzeugen half und wertvolle erste Einblicke in Funktion und Technik von Automobilmotoren verdankte. Mit achtzehn Jahren bestand Clärenore Stinnes die Führerscheinprüfung und nahm zwei Jahre später als eine der ersten Frauen am frisch ins Leben gerufenen Trainings- und Rennbetrieb auf der Berliner Avus teil. Ihr Vater war Investor der Avus-Rennstrecke, die nach langer Bauzeit 1921 feierlich eröffnet wurde und sich in unmittelbarer Nähe der Grunewalder Stinnes-Villa in der Douglasstraße befand, wo die Familie seit 1920 wohnte. Hugo Stinnes war vom Hobby seiner Tochter zunächst wenig angetan und schickte sie im Auftrag des Konzerns zur Prüfung von Investitionsmöglichkeiten für ein halbes Jahr nach Argentinien. Doch obgleich ihn ihr Abschlussbericht jener Reise beeindruckte, traute er ihr nach der Rückkehr noch keine Führungsposition im Stinnes-Imperium zu – woraufhin sie sich enttäuscht einer Karriere in der aufstrebenden Berliner Filmindustrie zuwandte. Unter dem Pseudonym »Fräulein Lehmann« fing Clärenore Stinnes als Assistentin bei einer Produktion der Westi-Film GmbH an, die ihr Vater 1923 mit dem russischen Produzenten Wladimir Wengeroff gegründet hatte. Nach der Attacke eines Affen während der Dreharbeiten und einer Behandlung in der Charité flog ihre Identität jedoch auf: »Fräulein Stinnes vom Affen gebissen«, titelten die Zeitungen der Hauptstadt, was sie schließlich dazu bewog, ihre Filmambitionen aufzugeben – an einer Laufbahn, bei der ihr allein die prominente Herkunft alle Wege ebnen würde, war sie nicht weiter interessiert.

Die Nächte verbrachte Clärenore Stinnes zu jener Zeit trinkfest und tanzend im Kempinski am Kurfürstendamm – oder im Rennwagen auf der Avus, wo schließlich trotz einer chronischen Stirnhöhlenentzündung, die sie durch den kalten Fahrtwind davontrug, der Gedanke reifte, ihre Leidenschaft auch beruflich auszuüben. Im italienischen Automobilkonstrukteur Ettore Bugatti fand sie einen prominenten Fürsprecher, nachdem dieser höchst beeindruckt einer ihrer Avus-Fahrten beigewohnt hatte. Doch erst durch den plötzlichen Tod des Vaters bot sich ihr – unabhängig davon, dass der Verlust für sie sehr schwer wog – die Möglichkeit, das Vorhaben umzusetzen. Hugo Stinnes starb 1924 aufgrund eines Kunstfehlers nach einer Routineoperation. Er hinterließ ein Imperium von weit über 1000 miteinander verflochtenen Unternehmen und Firmenbeteiligungen – darunter Kohlebergwerke, Raffinerien, Reedereien, Banken und Verlage –, das unter der Ägide seiner Söhne, die ihre Schwester nicht im Konzern haben wollten, schweren Zeiten entgegensehen sollte. Die Stinnes-Machtzentrale bot Clärenore keine Zukunft mehr, und sie fuhr noch 1924, gegen den erklärten Willen der Familie, ihr erstes offizielles Rennen: Der Direktor der Dinos-Automobilwerke hatte sie animiert, an einem Wettbewerb in Essen teilzunehmen. Aus Gründen der Pietät – Hugo Stinnes war erst kurz zuvor gestorben – agierte sie wiederum inkognito als »Fräulein Lehmann« und belegte in einem Wagen, der ein Spitzentempo von 130 Kilometern pro Stunde schaffte, auf Anhieb den dritten Platz. »So kam es«, schrieb sie später, »dass ich an dem Tag, der für mein ganzes Leben ausschlaggebend sein sollte, unter anderem Namen auftrat.«

Ihr Pseudonym legte Clärenore Stinnes jedoch bald ab. Nahezu wöchentlich nahm sie nun an Automobilrennen teil und fuhr zwischen 1925 und 1927 ihre zahlreichen Siege heraus. Der größte Triumph gelang ihr bei der internationalen »Allrussischen Prüfungsfahrt«, einer Rallye, die von Sankt Petersburg – damals

Leningrad – über Moskau und Tiflis zurück nach Moskau führte. Sämtliche Nationen, die eine Automobilindustrie besaßen, waren dort vertreten. Clärenore Stinnes war die einzige Frau unter 53 Teilnehmern und siegte in ihrer Klasse in einem Wagen der Berliner Automobilfirma AGA. Für die Weltumrundungsfahrt war das Rennen in Russland, das in weiten Teilen über offene Steppe führte, Impulsgeber und Generalprobe zugleich, dort entstand der Plan für ihre Pioniertat: »Das Auto in der rauen Wirklichkeit erproben«, befand sie nach dem erfolgreichen Ausgang der Russland-Rallye, »das wäre eine Aufgabe.«

»Ich möchte die Welt
aus eigener Anschauung erleben.«
CLÄRENORE STINNES

Dieser Aufgabe widmete Clärenore Stinnes fortan jede freie Minute. »Auf Generalstabskarten verfolgte ich die Wege, soweit sie vorhanden waren, und überwand in Gedanken die Schwierigkeiten der Gebirge und Steppen, mit Zirkel und Bleistift die Kilometerzahlen verfolgend. Ich richtete mir in Gedanken Tankstellen und Öldepots ein [...] und lebte in diesen Stunden nur noch für die Fahrt.« Vor den geografischen Hürden, die sie auf ihrer Tour um die Welt erwarten würden, mussten zunächst bürokratische und finanzielle überwunden werden. Dabei halfen ihr die glänzenden Beziehungen zur Diplomatie und Wirtschaft, die ihr Vater über Jahre hinweg aufgebaut hatte. Der deutsche Außenminister Gustav Stresemann organisierte einen Diplomatenpass und die Botschafter Englands und Frankreichs die nötigen Visa zum Passieren der Kolonien. Die Unterstützung des russischen Botschafters Nikolaj Krestinskij, mit dem sie sich während verschiedener Empfänge in der Hauptstadt angefreundet hatte, war ihr ohnehin sicher, zumal gerade Russland ein reges wirtschaftliches Interesse an der deutschen Automobilindustrie hegte. In Rekordzeit akquirierte Clärenore Stinnes 100 000 Mark Sponsorengelder aus der Industrie.

Den Wagen stellten ihr die Adler-Werke zur Verfügung: ein frisch entwickelter Adler Standard 6, der bei jedem Händler zu erwerben war. Zwei Mechaniker sollten sie in einem Lkw begleiten – und, da das Projekt medial dokumentiert und vermarktet werden sollte, auch ein Kameramann.

Der Direktor der Berliner Fox-Film-Gesellschaft, Julius Außenberg, stellte den Kontakt zu jenem Mann her, der die folgenden zwei Jahre an der Seite Clärenore Stinnes' zubringen sollte: Der Schwede Carl-Axel Söderström hatte sich durch seine frühen Dreh- und Fotoarbeiten in Stockholm mit Greta Garbo, die ihn seiner beruflichen Fähigkeiten wegen am liebsten mit nach Hollywood genommen hätte, bereits einen Namen gemacht. Am 25. Mai 1927, nur zehn Tage nach Außenbergs Anfrage bei Söderström, startete Clärenore Stinnes mit ihm – und 148 hart gekochten Eiern, drei Abendkleidern und drei Pistolen im Gepäck – in Frankfurt am Main ihre Expedition, die beide durch insgesamt 23 Länder führen sollte.

Auf dem Weg von Peru nach Bolivien: Clärenores Auto,
ein Adler Standard 6, steckt in einem Wasserloch fest, November 1928.

Über Wien, Istanbul, Bagdad und Teheran ging es nach Moskau, wo die Mechaniker, die den Begleit-Lkw steuerten, schließlich vor den Strapazen der Fahrt kapitulierten und die Rückreise antraten. Eisspalten mit einer Breite bis zu einem halben Meter taten sich vor Clärenore Stinnes und Söderström auf, als sie als erste Menschen überhaupt den zugefrorenen Baikalsee überfuhren. In der Wüste Gobi kamen – gegen marodierende Räuberbanden – die Pistolen zum Einsatz und in Peking auf einem Gala-Diner Clärenore Stinnes' Abendgarderobe. Per Schiff setzten sie über Japan und Hawaii zunächst nach San Francisco und dann weiter nach Lima über. Bei der Andenüberquerung mussten sie sich den Weg noch mit Dynamit freisprengen, in den USA, wo sie zunächst Henry Ford in Detroit begrüßte und dann Präsident Hoover im Weißen Haus, fuhren sie endlich wieder auf befestigten Straßen. Als sie nach über zwei Jahren am 24. Juni 1929 in Berlin auf der Avus eintrafen, wurden sie, wie die *Deutsche Allgemeine Zeitung* schrieb, »von einer großen Sportgemeinde und zahlreichen Herren und Damen der Berliner Gesellschaft« unter einem »Kreuzfeuer der Fotografen« triumphal empfangen. Die Strecke von fast 47000 Kilometern, die Clärenore Stinnes gefahren war, übertraf die Länge des Erdumfangs – genau so hatte sie es vorher geplant.

Nicht geplant allerdings – zumindest nicht *vor* ihrer Weltreise – war das, was eineinhalb Jahre nach ihrer Ankunft in der Hauptstadt geschah: Im Dezember 1930 heiratete Clärenore Stinnes Carl-Axel Söderström und zog mit ihm nach Schweden. Auch dort empfing man sie mit offenen Armen – als Pionierin und Ikone einer neuen grenzenlosen Mobilität. Doch für viele verkörperte sie noch mehr. Ihr eiserner Wille, der Berge versetzen konnte – zur Not mit Dynamit –, erinnerte an eine andere bedeutende Frau: »Sie wären«, sagte ihr der Regisseur Friedrich Wilhelm Murnau und sprach damit den Zeitgenossen aus der Seele, »die ideale Besetzung der Jungfrau von Orléans.«

VERWENDETE UND WEITERFÜHRENDE LITERATUR

ALLGEMEIN:

ANDREA BARNET: Am Puls der Zeit. Frauen in New York. Berlin 2014.

RALF BEIL/CLAUDIA DILLMANN: Gesamtkunstwerk Expressionismus. Kunst, Film, Literatur, Theater, Tanz und Architektur 1905 bis 1925. Ostfildern 2010.

ISABELLA BELTING U. A.: Die 20er Jahre. Mode, Graphik, Kunstgewerbe aus den Sammlungen des Münchner Stadtmuseums. München 2005.

VINCENT BOUVET/GÉRARD DUROZOI: Paris 1919–1939. Kunst, Leben & Kultur. Wien 2009.

THIERRY COUDERT: Café Society. Socialites, Patrons and Artists 1920 to 1960. Paris 2010.

JULIA DROST: La Garçonne. Wandlungen einer literarischen Figur. Göttingen 2003.

SIGRID-URSULA FOLLMANN: Wenn Frauen sich entblößen ... Mode als Ausdrucksmittel der Frau der zwanziger Jahre. Marburg 2010.

BIRGIT HAUSTEDT: Die wilden Jahre in Berlin. Eine Klatsch- und Kulturgeschichte der Frauen. Dortmund 1999.

KAROLINE HILLE: Gefährliche Musen. Die Frauen um Max Ernst. Berlin 2007.

DIES.: Spiele der Frauen. Künstlerinnen im Surrealismus. Stuttgart 2009.

UNDA HÖRNER: Scharfsichtige Frauen. Fotografinnen der 20er und 30er Jahre in Paris. Berlin 2010.

ROBERT HUDOVERNIK: Jazz Age Beauties. The Lost Collection of Ziegfeld Photographer Alfred Cheney Johnston. New York 2006.

CLAUDIA LANFRANCONI: Legendäre Gastgeberinnen und ihre Feste. München 2012.

GERTRUD LEHNERT: Frauen machen Mode. Coco Chanel, Jil Sander, Vivienne Westwood u.a.m. Modeschöpferinnen vom 18. Jahrhundert bis heute. Dortmund 1998.

JUDITH MACKRELL: Flappers. Six Women of a Dangerous Generation. London 2013.

BERNARD MARCK: Frauen erobern die Lüfte. Pionierinnen, Rekorde, Tragödien. Paris 2009.

ANTONIA MEINERS: Die Stunde der Frauen zwischen Monarchie, Weltkrieg und Wahlrecht 1913–1919. München 2013.

RAINER METZGER: Berlin. Die 20er Jahre. Kunst und Kultur 1918–1933. Wien 2006.

SUSANNE NADOLNY (HG.): Gelebte Sehnsucht. Grenzgängerinnen der Moderne. Berlin 2005.

ANTONY PENROSE: Das Haus der Surrealisten. Der Freundeskreis um Lee Miller und Roland Penrose. Berlin 2002.

HANS HELMUT PRINZLER: Licht und Schatten. Die großen Stumm- und Tonfilme der Weimarer Republik. München 2012.

FRANCINE PROSE: Das Leben der Musen. Von Lou Andreas-Salome bis Yoko Ono. München u. a. 2004.

STEFANIE SCHÜTTE: Die großen Modedesignerinnen. Von Coco Chanel bis Miuccia Prada. München 2007.

N. J. STEVENSON: Die Geschichte der Mode. Stile, Trends und Stars. Bern 2011.

ANDREA WEISS: Paris war eine Frau. Die Frauen von der Left Bank. Dortmund 1997.

JOSEPHINE BAKER:

JOSEPHINE BAKER: Ich tue, was mir passt. Vom Mississippi zu den Folies Bergère. Aufgeschrieben von Marcel Sauvage. Frankfurt/M. 1980.

HARRY GRAF KESSLER: Das Tagebuch. Achter Band. 1923–1926. Stuttgart 2009.

JUDITH MACKRELL: Flappers. Six Women of a Dangerous Generation. London 2013.

PHYLLIS ROSE: Josephine Baker oder Wie eine Frau die Welt erobert. Wien u. a. 1990.

AMELIE SOYKA (HG.): Tanzen und tanzen und nichts als tanzen. Tänzerinnen der Moderne von Josephine Baker bis Mary Wigman. Berlin 2012.

ANITA BERBER:

LOTHAR FISCHER: Anita Berber. Göttin der Nacht. Collage eines kurzen Lebens. München 2006.

DERS.: Tanz zwischen Rausch und Tod. Anita Berber 1918–1928 in Berlin. Berlin 1996.

BIRGIT HAUSTEDT: Die wilden Jahre in Berlin. Eine Klatsch- und Kulturgeschichte der Frauen. Dortmund 1999.

SILKE SCHÜTZE: Henny Walden. Memoiren einer vergessenen Soubrette. Reinbek 2000.

CLARA BOW:

JEANINE BASINGER: Silent Stars. Middletown 2000.

JULIA FREYTAG/ALEXANDRA TACKE (HG.): City Girls. Bubiköpfe & Blaustrümpfe in den 1920er Jahren. Köln u. a. 2011.

KATJA IKEN: Geschichte der It-Girls. Paris Hiltons Vor-vor-vorbild. entn. Spiegel

online. <http://www.spiegel.de/einestages/geschichte-der-it-girls-paris-hiltons-vor-vor-vorbild-a-947086.html>, letzter Zugriff: 16.07.2014.

DAVID STENN: Clara Bow. Runnin' Wild. New York 2000.

LOUISE BROOKS:

LOUISE BROOKS: Lulu in Berlin und Hollywood. München 1983.

PETER COWIE: Louise Brooks. Lulu forever. München 2006.

BARRY PARIS: Louise Brooks. A Biography. Minneapolis 2000.

CLAUDE CAHUN:

HEIKE ANDER/DIRK SNAUWAERT (HG.): Claude Cahun. Bilder. München 1997.

BORIS FRIEDEWALD: Meisterinnen des Lichts. Große Fotografinnen aus zwei Jahrhunderten. München 2014.

KAROLINE HILLE: Spiele der Frauen. Künstlerinnen im Surrealismus. Stuttgart 2009.

UNDA HÖRNER: Scharfsichtige Frauen. Fotografinnen der 20er und 30er Jahre in Paris. Berlin 2010.

KUNSTSAMMLUNG NORDRHEIN-WEST-FALEN (HG.): Die andere Seite des Mondes. Künstlerinnen der Avantgarde. Köln 2011.

STEFAN ZWEIFEL: Wortmasken. Die gesammelten Schriften der Fotografin Claude Cahun. Entn. Neue Züricher Zeitung online <http://www.nzz.ch/ak tuell/startseite/article8U5MM-1.276559>, letzter Zugriff: 16.07.2014.

LUISA CASATI:

CLAUDIA LANFRANCONI: Legendäre Gast-geberinnen und ihre Feste. München 2012.

SCOT D. RYERSSON/MICHAEL ORLANDO YACCARINO: Die göttliche Marchesa.

Leben und Legende der Marchesa Luisa Casati. Wien 2012.

DIES.: The Marchesa Casati. Portraits of a Muse. New York 2009.

NANCY CUNARD:

LOIS GORDON: Nancy Cunard. Heiress, Muse, Political Idealist. New York 2007.

UNDA HÖRNER: Nancy Cunard. Enfant terrible der Pariser Bohème. Berlin 2002.

SUSANNE NADOLNY (HG.): Gelebte Sehn-sucht. Grenzgängerinnen der Moderne. Berlin 2005.

AMELIA EARHART:

AMELIA EARHART: The Fun of It. Chicago 2006.

RONALD D. GERSTE: Amelia Earhart. Der Traum von grenzenloser Freiheit. Regensburg 2010.

MONIKA KEUTHEN: Fliegen heißt, ganz frei zu sein. Amelia Earhart. München 2001.

BERNARD MARCK: Frauen erobern die Lüfte. Pionierinnen, Rekorde, Tragödien. Paris 2009.

ZELDA FITZGERALD:

F. SCOTT UND ZELDA FITZGERALD: Lover! Briefe. Hg. von Jackson R. Bryer/Cathy W. Barks. München 2004.

MICHAELA KARL: Wir brechen die 10 Ge-bote und uns den Hals. Zelda und F. Scott Fitzgerald. Eine Biografie. Wien 2011.

JUDITH MACKRELL: Flappers. Six Women of a Dangerous Generation. London 2013.

KYRA STROMBERG: Zelda und F. Scott Fitzgerald. Ein amerikanischer Traum. Berlin 1997.

JOSHUA ZEITZ: Flapper. A Madcap Story of Sex, Style, Celebrity, and the Women Who Made America Modern. New York 2006.

TAMARA DE LEMPICKA:

LAURA CLARIDGE: Tamara de Lempicka. Ein Leben für Dekor und Dekadenz. Frankfurt/M. 2005.

GILLES NÉRET: Tamara de Lempicka 1898–1980. Göttin des Automobilzeitalters. Köln 2011.

JUDITH MACKRELL: Flappers. Six Women of a Dangerous Generation. London 2013.

SUZANNE LENGLEN:

LARRY ENGELMANN: The Goddess and the American Girl. The Story of Suzanne Lenglen and Helen Wills. New York 1988.

ALAN LITTLE: Suzanne Lenglen. Tennis Idol of the Twenties. London 1988.

LEE MILLER:

BECKY E. CONEKIN: Lee Miller. Fotografin, Muse, Model, Zürich 2013.

ANTONY PENROSE: The Lives of Lee Miller. London 1999.

MARK HAWORTH-BOOTH: The Art of Lee Miller. New Haven 2007.

ANTONY PENROSE: Das Haus der Surrealisten. Der Freundeskreis um Lee Miller und Roland Penrose. Berlin 2002.

KIKI DE MONTPARNASSE:

DJUNA BARNES: Solange es Frauen gibt, wie sollte da etwas vor die Hunde gehen? Berlin 2010.

JOHN GLASSCO: Die verrückten Jahre. Abenteuer eines jungen Mannes in Paris. München 2010.

DAN FRANCK: Montparnasse und Montmartre. Künstler und Literaten in Paris zu Beginn des 20. Jahrhunderts. Berlin 2011.

BILLY KLÜVER/JULIE MARTIN: Kiki's Paris. Artists and Lovers 1900–1930. New York 1989.

DOROTHY PARKER:

MICHAELA KARL: Noch ein Martini und ich lieg unterm Gastgeber. Dorothy Parker. Eine Biografie. St. Pölten 2011.

SUSANNE NADOLNY (HG.): Gelebte Sehnsucht. Grenzgängerinnen der Moderne. Berlin 2005.

ELSA SCHIAPARELLI:

FRANÇOIS BAUDOT: Schiaparelli. München 1997.

ELSA SCHIAPARELLI: Shocking Life. The Autobiography of Elsa Schiaparelli. London 2007.

STEFANIE SCHÜTTE: Die großen Modedesignerinnen. Von Coco Chanel bis Miuccia Prada. München 2007.

ELSA TRIOLET: Colliers de Paris. Dortmund 1999.

JUDITH WATT: Vogue on Elsa Schiaparelli. München 2013.

LAVINIA SCHULZ:

RALF BEIL/CLAUDIA DILLMANN (HG.): Gesamtkunstwerk Expressionismus. Kunst, Film, Literatur, Theater, Tanz und Architektur 1906 bis 1925. Ostfildern 2010.

ATHINA CHADZIS: Die expressionistischen Maskentänzer Lavinia Schulz und Walter Holdt. Frankfurt/M. 1998.

DIES.: Die Choreographin und Tänzerin Lavinia Schulz, in: Elsbeth Weichmann Gesellschaft e.V. (Hg.): Frauen im Hamburger Kulturleben. Hamburg 2000.

RÜDIGER JOPPIEN (HG.): Entfesselt. Expressionismus in Hamburg um 1920. Hamburg 2006.

CLÄRENORE STINNES:

BERNHARD-MICHAEL DOMBERG/KLAUS RATHJE: Die Stinnes. Vom Rhein in die Welt. Geschichte einer Unternehmerfamilie. Wien 2009.

CLÄRENORE STINNES: Im Auto durch zwei Welten. Die erste Autofahrt einer Frau um die Welt 1927 bis 1929. Wien 2007.

MICHAEL WINTER: PferdeStärken. Die Lebensliebe der Clärenore Stinnes. Hamburg 2001.

PERSONENREGISTER

BILDNACHWEIS

akg-images, Berlin: Umschlagfoto,
  Seite 22/23, 57, 92/93, 100/101
Robert Benchley Collection, Howard
  Gotlieb Archival Research Center,
  Boston University: 49
Bridgeman Images, Berlin: 74, 102,
  105, 106, 183
The Casati Archives, Ryersson &
  Yaccarino, New Jersey: 71
Getty Images, München: 3, 10/11, 12,
  26, 30, 36, 46, 54, 60, 64, 76, 88/89, 96,
  116, 119, 138/139, 165, 172/173, 186,
  196/197, Umschlagrückseite Mitte
Imagno, Wien: 16/17
Interfoto, München: 79, 111, 159
Museum für Kunst und Gewerbe,
  Hamburg: 152 (P1994.44.4),
  153 (P1994.44.16)
Österreichische Nationalbibliothek, Wien:
  130 (204338-D), 136 (204417-D)
picture-alliance, Frankfurt am Main: 38, 52
Nachlass Lothar Schreyer, Hamburg: 148

Süddeutsche Zeitung Photo, München:
  112/113, 146, 174, 178
ullstein bild, Berlin: 42, 108, 120, 140, 145,
  156, 162, 168, 180, 188, 190, 194,
  Umschlagrückseite links und rechts
The Ziegfeld Club of New York: 126

Für die Wiedergabe der Fotografie von
  Lee Miller: George Hoyningen-Huene,
  © Lee Miller Archives, East Sussex,
  England 2017. All rights reserved.

Für die Wiedergabe des Werkes von
  Tamara de Lempicka: © Tamara Art
  Heritage/VG Bild-Kunst, Bonn 2017
Für die Wiedergabe des Werkes von Man
  Ray: © Man Ray Trust, Paris/VG Bild-
  Kunst, Bonn 2017

Weitere Nachweise über das Bildarchiv
des Insel Verlags.